Ezra Bayda

Wahres Glück

Der Zen-Weg
zu tiefer Zufriedenheit

Übersetzt von Mike Kauschke

Arbor Verlag
Freiburg im Breisgau

Die Originalausgabe erschien unter dem Titel:
Beyond happiness: the Zen way to true contentment

1. Auflage 2013

Titelfoto: © 2013 Ben Sanders
Lektorat: Lothar Scholl-Röse
Druck und Bindung: Westermann Druck Zwickau GmbH
Hergestellt von mediengenossen.de

Dieses Buch wurde auf 100 % Altpapier gedruckt
und ist alterungsbeständig.
Weitere Informationen über unser Umweltengagement
finden Sie unter www.arbor-verlag.de/umwelt.

www.arbor-verlag.de

ISBN 978-3-86781-074-6

Ezra Bayda

Wahres Glück

Inhalt

Einleitung

Was ist Glück?

In den letzten Jahren sind viele Bücher und Artikel über Glück veröffentlicht worden, die meisten von ihnen versprechen schnelle Lösungen – mit Garantien, dass unsere Ängste und Depressionen verschwinden werden und wir stattdessen die Welt heiterer sehen. Aber es gibt Hinweise darauf, dass sich seit dem Beginn dieses „Glücksbooms" das Ausmaß von Angst und Unbehagen noch verstärkt hat. Die Anspruchshaltung, die mit der Annahme einhergeht, dass Glück unser Geburtsrecht sei, und der typisch westliche Glaube an die eine schnelle Lösung scheinen zu einem stärkeren Gefühl der Trennung und Entfremdung geführt zu haben.

Der Dalai Lama sagte einmal, dass der Sinn des menschlichen Lebens darin liege, glücklich zu sein. Philosophen wie Aristoteles, der Heilige Augustinus und Pascal haben das Gleiche gesagt. Das ist sicher eine wichtige Frage, die wir uns stellen sollten: Ist der Sinn des menschlichen Lebens, glücklich zu sein? Aber wahrscheinlich müssen wir dann zuerst fragen: Was meinen wir mit Glück?

Vor einiger Zeit kam ein neuer Schüler zu mir, um über seine Zen-Praxis zu sprechen. Mitten in unserem Gespräch gab er zu, dass ihm Erleuchtung oder tiefe spirituelle Erkenntnisse gar nicht wichtig seien – er sagte, er wolle einfach nur glücklich sein.

Er fragte mich, ob ich nach all den Jahren der Meditation und des Zen-Lehrens zutiefst glücklich sei. Ich antwortete mit Ja und sagte, dass ich mich wahrhaft glücklich fühlen würde, dass ich aber mit Glücklichsein vielleicht nicht das Gleiche meinte, wie er. Es war ganz sicher anders, als ich es früher verstanden hatte.

Wenn wir jung sind, setzen wir Glück oft mit Freude und sinnlichem Vergnügen gleich. Wenn wir älter werden, bedeutet Glück vielleicht eher Sicherheit und Kontrolle – weshalb beispielsweise Geld und eine gute Gesundheit wichtig werden. Wir setzen Glück vielleicht auch mit erreichten Leistungen gleich. Oder Glück ist für uns die Verbundenheit, die wir in bestimmten Beziehungen spüren. Es ist wichtig, zu erkennen, dass all diese Aspekte oder Ebenen von Glück zum Teil auf den äußeren Umständen unseres Lebens basieren. Aber vielleicht spielen die äußeren Umstände eine kleinere Rolle, als wir vielleicht annehmen.

Interessanterweise hat die heutige Forschung herausgefunden, dass äußere Umstände eine viel geringere Wirkung auf unser Glück haben, als wir oft denken. Stattdessen scheint es, dass wir alle mit einem „Grundwert" des Glücks geboren werden. Wir sind alle angelegt, eine bestimmte Ebene von Glück zu fühlen, und ungeachtet der Umstände unseres Lebens kehren wir zu diesem Grundwert zurück. Man könnte sagen, dass wir mit einer festgesetzten Ebene von Glück den Mutterschoß verlassen. Wenn wir beispielsweise mit einem hohen Grundwert geboren werden – natürlicherweise heiter und optimistisch –, könnten wir sehr krank oder gelähmt werden, aber nach einer Zeit der Anpassung wären wir genauso glücklich wie zu dem Zeitpunkt vor der Krankheit oder Behinderung. Wenn wir hingegen mit einem niedrigen Grundwert des Glücks geboren werden – mit einer Veranlagung, das Glas als halb leer zu sehen –, könnten wir eine Million Dollar erben und würden uns vielleicht eine Zeit lang glücklicher fühlen, aber schließlich würden wir wieder zum ursprünglichen Zustand des „Unglücklichseins" zurückkehren.

Zweifellos können äußere Umstände in diesem begrenzten Rahmen einen gewissen Effekt haben. Aber weil dieser Rahmen doch sehr festgelegt ist, wird die Veränderung unserer äußeren Umstände unsere Erfahrung von Glück nicht allzu sehr verändern. Die Suche nach Glück allein im Äußeren ist also nicht so wirksam – aber wahrscheinlich haben Sie das auch schon selbst herausgefunden. Selbst wenn uns Äußerlichkeiten tatsächlich glücklich machen, sie können sich immer verändern – wir können unseren Job, unseren Wohlstand, unsere Beziehungen oder unsere Gesundheit verlieren. Schließlich müssen wir akzeptieren, dass wir ein Fundament auf Sand bauen, wenn wir uns auf Äußerlichkeiten verlassen. Es ist vielleicht nicht leicht, das zu akzeptieren, und möglicherweise müssen wir viele Enttäuschungen erfahren, bis wir die Wahrheit anerkennen, dass wir uns für unser Glück nicht auf Äußerlichkeiten verlassen können. Wenn aber Äußerlichkeiten nicht die Quelle von Glück sind, dann fragen wir uns vielleicht, ob es überhaupt etwas gibt, das uns helfen kann, glücklicher zu werden.

Wenn über das Thema Glück gesprochen wird, hören wir oft Plattitüden, wie etwa die Annahme, dass Geld uns glücklich machen wird. Aber die Erfahrung hat gezeigt, dass uns Geld nicht glücklich macht, es sein denn, es befreit uns aus der Armut. Sobald wir finanzielle Sicherheit erreicht haben, was uns eigentlich glücklich machen sollte, verfangen wir uns in dem Verlangen nach mehr Vermögen, wir fürchten dessen Verlust oder wollen mit unseren Bekannten mithalten – und damit verlässt uns das Glück. Der Mythos, dass uns Geld glücklich macht, ist nur eine unter unseren vielen Illusionen. Wir müssen erkennen, wie diese weitverbreiteten Fehlwahrnehmungen über Glück uns in einem endlosen Kreislauf der Unzufriedenheit gefangen halten.

Wie wäre es mit Medikamenten als Quelle des Glücks? Medikamente wie Antidepressiva können sicher helfen, uns etwas glücklicher zu machen oder zumindest das Unglücklichsein aufgrund von Angst und Depression etwas abzudämpfen. Und für diejenigen von uns, die unter einer schweren oder chronischen Depression leiden, sind Medikamente für eine Anpassung unserer Physiologie notwendig, so wie man Insulin verabreicht, um Diabetes zu kontrollieren. Aber Medikamente haben oft Nebenwirkungen und wir brauchen vielleicht eine immer stärkere Dosis, deshalb haben sich Medikamente nicht als ein guter langfristiger Weg zum Glücklichsein erwiesen. Zudem verändern Medikamente nicht die darunterliegenden Beschwerden, genau die Beschwerden, die an der Wurzel unseres Unglücks liegen könnten. Selbst wenn sie uns ein Gefühl von Stabilität geben, können sie uns nicht auf einer tieferen Ebene glücklich machen.

Wie wäre es mit Psychotherapie als einem Weg zum Glück? Therapie kann sicher helfen, besonders wenn wir uns dabei selbst besser kennenlernen. Aber selbst Psychologen werden zugeben, dass die Fähigkeit der Therapie, Menschen zum Glücklichsein zu führen, sehr begrenzt ist. Ihr Ziel ist etwas bescheidener – die Menschen können sich etwas mehr mit ihrem Leben in Übereinstimmung fühlen oder sich zumindest nicht so schlecht fühlen.

Wie wäre es dann mit spiritueller Praxis? Kann uns spirituelle Praxis wirklich glücklicher machen? Es gibt eine Studie, in der die Teilnehmer gebeten wurden, sich ein klassisches Musikstück anzuhören. Der einen Hälfte der Teilnehmer wurde gesagt, sie sollten einfach zuhören; der anderen Hälfte wurde gesagt, sie sollten versuchen, sich beim Zuhören glücklicher zu fühlen. Die Ergebnisse waren ziemlich interessant – die Teilnehmer, die versuchten, glücklich zu sein, berichteten, dass sie nicht so glücklich waren, wenn man ihre Aussagen mit denen verglich, die einfach nur zuhörten. Warum? Weil sie versuchten, glücklich zu sein, waren sie in ihren Köpfen gefangen. Einfach nur mit der Musik präsent zu sein, erlaubte es den anderen Teilnehmern, das wahre Glück, „einfach nur da zu sein", zu erfahren, wobei sie nicht versuchen mussten, anders zu sein oder sich anders zu fühlen.

Ich weiß nicht, ob es viele wissenschaftliche Untersuchungen darüber gibt, aber meine eigenen Beobachtungen und meine persönliche Erfahrung deuten darauf hin, dass Menschen, die eine gewisse Zeit der Meditation widmen und mit mehr Wachheit leben, im Allgemeinen zunehmend mehr Glück in ihrem Leben erfahren. Das ist ganz sicher meine eigene Erfahrung, besonders angesichts dessen, dass ich mit einem ziemlich niedrigen Grundwert für Glück geboren wurde. Jahrelang könnte man meine Sicht des Lebens, die auf tiefen und alles bestimmenden Angstgefühlen basierte, mit folgenden Worten zusammenfassen: „Das Leben ist zu schwer – ich schaffe es nicht." Aber heute glaube ich diesen Worten nicht mehr und erfahre auch nicht dieses ständige ängstliche Zittern in meinem Wesen. In der Tat, selbst wenn ich sehr lange Zeiten der körperlichen Krankheit erfahren habe, in denen es Perioden gab, wo mir wochenlang übel war und es mir wirklich schlecht ging, lernte ich, dass ich inmitten all dessen wahre Zufriedenheit erfahren konnte.

Aber interessanterweise ist Glück nicht das Ziel der spirituellen Praxis. Wenn wir Glück zum Ziel machen, verlässt es uns meist, wie bei den Menschen, die versuchten, sich glücklich zu fühlen, während sie Musik hörten. Glück ist nicht so sehr ein Gefühl, das wir erlangen können, sondern eher ein Nebenprodukt unserer Lebenshaltung.

Das führt uns zurück zu folgender Frage: Was meinen wir eigentlich mit Glück? Im Wörterbuch wird Glück als ein Zustand beschrieben, der von Freude oder Zufriedenheit gekennzeichnet ist – das emotionale Empfinden, dass das Leben gut ist. Es ist fast immer damit verbunden, das wir die guten Dinge bekommen, wie Vergnügen oder die Dinge, die wir gern haben möchten, wie finanzielle Sicherheit, gute Gesundheit oder erfüllende Beziehungen. Diese Art des Glücks – unser alltägliches persönliches Glück – basiert zum Teil auf zwei Dingen, die wir kaum kontrollieren können: Zum einen ist es von unserem Grundwert oder unserer genetischen Veranlagung in Bezug auf Glück abhängig, zum anderen vom ständigen Auf und Ab unserer bestimmten Lebensumstände. Wenn Menschen über Glück sprechen, dann meinen sie in der Regel diese Form des alltäglichen persönlichen Glücks.

Aber es gibt eine andere Form des Glücks, das über das persönliche Glück hinausgeht und das nicht von unseren persönlichen Veranlagungen oder flüchtigen äußeren Umständen abhängig ist. Das ist die tiefere, authentischere Erfahrung wahrer Zufriedenheit – der grundlegenden Übereinstimmung mit dem Leben, so wie es ist. Dann haften wir nicht mehr an unserer Forderung an, dass das Leben einen bestimmten Lauf nehmen sollte. Dieses tiefere Glück der Gelassenheit ist der natürliche Zustand unseres Wesens, wenn unsere selbstbezogenen Gedanken und Emotionen uns nicht mehr im Weg stehen. Obwohl diese Erfahrung von Glück keine äußere Ursache hat, kann sie kultiviert werden, indem wir mit den Aspekten arbeiten, die das natürliche Entstehen dieses Glücks verhindern. Wenn wir uns selbst besser kennenlernen und sehen, wie wir unserem natürlichen Glück entgegenwirken – durch unsere Anspruchshaltung, unser Festhalten an der Vergangenheit oder unsere Sorgen um die Zukunft, unsere trennenden Emotionen, unsere tief konditionierten Verhaltensweisen, unsere Anhaftungen –, können wir lernen, was wir tun müssen, um diesen authentischeren Zustand wahrer Zufriedenheit zu kultivieren.

Unsere Vorstellung des Glücklichseins ist oft ziemlich verworren, weil unser Verständnis von Glück ständig zwischen den zwei Formen von Glück hin- und herwechselt: dem alltäglichen oder flüchtigen Glück, das auf Äußerlichkeiten basiert, und der tieferen Form von Glück, die wir erfahren, wenn wir aufhören zu versuchen, das Leben und uns selbst anders haben zu wollen. Wir müssen uns darüber im Klaren sein, über welches Glück wir sprechen, weil sie sich sehr voneinander unterscheiden. Aber obwohl sie verschieden sind, kann das Angenehme des flüchtigen Glücks ganz bestimmt in der tieferen, andauernden Erfahrung von Glück enthalten sein.

Jede Religion und jeder spirituelle Weg beruht auf einer fundamentalen Aussage: Es ist möglich, ein grundlegendes Glück zu erfahren, aber dieses Glück kommt von innen; es ist nicht von den äußeren Lebensumständen abhängig. Und es kann auch nicht allein darauf beruhen, dass wir uns emotional gut fühlen. Viele Dinge können dazu führen, dass wir freudvolle oder positive Gefühle erfahren, die wir normalerweise mit Glücklichsein gleichsetzen. Aber das ist ein persönliches Glück, nicht das tiefere Empfinden des Wohlseins, das nicht davon abhängig ist, ob wir uns im normalen Sinne gut fühlen. Viele Dinge machen mich persönlich glücklich, wenn ich zum Beispiel mit meiner Congatrommel musiziere, Basketball spiele oder auf meinem Surfbrett auf den Meereswellen gleite. Wenn ich im Meer bin, spüre ich manchmal ein positives Hochgefühl und das ist ganz sicher nichts Falsches und ich leugne auch nicht, dass diese Form des Glücks real ist. Wenn ich trommle, dann komme ich manchmal auch in einen Zustand, der als „the zone" bekannt ist, in dem ich vollkommen in der Aktivität aufgehe und es sich nicht mehr so anfühlt, als würde „ich" musizieren. Dieser Zustand der Versunkenheit ist schön und wir fühlen uns darin vielleicht sehr glücklich – aber schließlich wird dieser Zustand vorübergehen. Ich will darauf hindeuten, dass diese Versunkenheit nicht das Gleiche ist, wie das tiefere Empfinden von Glück, das uns möglich ist.

Es kann sich also sehr gut anfühlen, in solch einem Zustand der Versunkenheit oder in der „Zone" zu sein, aber wenn wir diese Erfahrungen verstärken wollen, begeben wir uns oft auf einen Umweg auf der Reise zu wahrer Zufriedenheit. Immer wenn wir nach bestimmten Erfahrungen suchen, die uns Glück bringen sollen, sind wir in einer Anstrengung gefangen, in der wir selbstbezogen versuchen, bestimmte Gefühle zu erfahren. Jede Absicht, unsere wahre Natur zu verwirklichen, wird dadurch garantiert vereitelt. Diese wahre Natur ist letztendlich die Quelle der tieferen Gelassenheit des echten Glücks.

Oder, um es mit anderen Worten auszudrücken: Es gibt nicht den einen oder festgelegten Weg zum Glück und das Glück muss auch keine bestimmte Form haben. Aber in jedem von uns gibt es etwas, dass sich danach sehnt, sich mit der tiefsten Wirklichkeit zu verbinden. Von dieser Suche können wir leicht durch Versprechungen oder einfache Glücksformeln abgelenkt werden – Formeln, die uns versprechen, dass wir glücklich sein werden, wenn wir dies oder jenes tun. Aber Glücksformeln können uns nur oberflächliche Lösungen bieten; sie können keine Antwort auf die Komplexität der menschlichen Emotionen und des menschlichen Verhaltens geben.

Kurz gesagt, Glück finden wir nicht, wenn wir Glück zum Ziel machen – es zeigt sich, wenn wir den Weg selbst wertschätzen, insbesondere die Erfahrung des gegenwärtigen Moments in unserem Leben. Wenn wir „die Fahrt genießen" denken wir nicht darüber nach, dass wir irgendwo ankommen, etwas bekommen oder ein anderer Mensch werden. Vielmehr bedeutet es, dass wir neugierig sind, was unser Leben eigentlich ist. Wir sind in der Lage, es wertzuschätzen – selbst die schwierigsten, unangenehmsten, unerwünschten Aspekte des Lebens. In diesem Sinne können wir sagen, dass es beim wahren Glück eher darum geht, präsent, wach und offen zu sein, statt Glücklichsein im Hollywoodstil, also fröhlich und gut gelaunt.

Wahres Glück ist nicht Heiterkeit; es ist kein Aufbrausen sinnlichen Vergnügens und es bedeutet auch nicht, dass man immer gut gelaunt ist. Diese Aspekte können Teil davon sein, aber wahres Glück beruht in seinem Kern darauf, dass man bereit ist, die schmerzvollen Aspekte des Lebens wertzuschätzen – neben allen Aspekten, die wir als „gut" oder „glücklich" bezeichnen. In der Tat ist ein integraler Teil wahren Glücks die Bereitschaft, uns für die Gefühle und Erfahrungen zu öffnen, die wir normalerweise nicht mit Glück assoziieren würden. Traurigkeit zum Beispiel können wir als eine grundlegende menschliche Erfahrung nicht leugnen.

Wenn wir voreilig die Traurigkeit loslassen wollen, leugnen wir die Möglichkeit, sich ihr hinzugeben, wodurch wir auch inmitten der Traurigkeit wahre Gelassenheit erfahren können.

Es kann schwer sein, zu verstehen, wie es möglich ist, im Angesicht des unbestreitbaren und andauernden Leidens in der Welt glücklich zu sein. Wenn wir unser Herz und unseren Geist öffnen, wie gehen wir dann mit der Tatsache um, dass wir unseren Planeten nicht sorgsam behandeln oder dass wir uns nicht um die 24.000 Menschen kümmern, die jeden Tag an Hunger sterben – dreiviertel von ihnen sind Kinder unter fünf Jahren? Wie verbinden wir solche Tatsachen mit einem glücklichen Leben, mit der Freude am verausgabenden Gesang einer Drossel oder der Erhabenheit und dem Wunder des Ozeans? Das ist der Kern des menschlichen Dilemmas – in dem Paradox zu verweilen, das sowohl die Trostlosigkeit als auch das Wunder beinhaltet. Obwohl es manchmal sehr schwer sein kann, diese Balance zu finden, ist es tatsächlich möglich. Zudem können Mitgefühl und liebende Güte, die wir entwickeln, wenn wir dem Schmerz des Lebens direkt begegnen, zu einer tieferen Gelassenheit führen.

Der Dalai Lama würde wahrscheinlich damit übereinstimmen, weil auch er sagt, dass das größte Glück aus der Kultivierung von Mitgefühl und liebender Güte kommt – nicht aus dem Verfolgen von selbstbezogenen Zielen. Und Studien belegen diese Ansicht: Menschen, die ein Leben führen, in dem Großzügigkeit und Fürsorge für andere Menschen eine wichtige Rolle spielen, sind im Allgemeinen glücklicher als andere. Dabei hilft auch, die Dinge aus verschiedenen Blickwinkeln zu sehen und einen Sinn für Humor zu entwickeln. Schließlich ist alles relativ, je nach der Perspektive, die wir einnehmen. Daran erinnert uns die Geschichte von der Schnecke, die von einer Schildkröte überfallen wurde. Als sie gefragt wurde, was geschehen sei, sagte sie: „Ich weiß nicht – es passierte so schnell."

Einige von uns hoffen vielleicht immer noch, dass eine großartige Erfahrung wie eine Erleuchtungserfahrung oder ein mystisches Erlebnis uns dauerhaftes Glück bringen wird. Aber obwohl uns solche Erfahrungen Möglichkeiten aufzeigen können, und uns in gewisser Weise helfen können, unsere Sichtweise zu verändern, haben sie selten eine bleibende Wirkung auf unser Verhalten. Nehmen wir als Beispiel die vielen Tausend Menschen, die Workshops besuchen oder den neuesten Guru gefunden haben. Sie haben womöglich dramatische Einsichten oder werden zutiefst inspiriert, aber nach einigen Wochen oder Monaten ist von all diesen Einsichten und dieser Inspiration kaum mehr etwas übrig. Und der Grund dafür liegt auf der Hand – wir können den Geist nicht einfach verändern, ohne uns auch den tief eingeprägten Konditionierungen des Körpers zuzuwenden.

Deshalb kann uns moralische Bildung nicht wirklich glücklicher machen. Wir können genau wissen, welches das „richtige" Verhalten ist – beispielsweise keine Wut oder kein unangemessenes Begehren auszudrücken. Aber unser Körper mit seiner zutiefst konditionierten emotionalen Geschichte hat eine andere Sichtweise, die oft anziehender ist als ein vorwiegend mentales moralisches Gebot.

Anstatt also Verhaltensweisen, die wir nicht mögen, loszuwerden, erfordert der Weg zu wahrem Glück unsere offenherzige Aufmerksamkeit für die Dinge, die scheinbar unseren Weg dorthin blockieren – besonders all die Dinge, vor denen wir am ehesten weglaufen wollen, die wir ablehnen oder verändern oder die wir hinter uns lassen wollen. Wenn wir unglücklich sind, sollten wir also nicht das Glück zu unserem Ziel erklären. Stattdessen müssen wir versuchen, die reale Situation unseres Lebens – *was immer es sein mag* – als das zu sehen, womit wir arbeiten können, und uns von dem befreien, was unseren Weg zum Glück blockiert.

In der Tat können wir uns in jedem Moment drei Fragen stellen, die uns auf den direkten Weg zur Entwicklung des echten

Glücks der wahren Zufriedenheit bringen. Die erste Frage: Bin ich jetzt wirklich glücklich? Die zweite: Wenn nicht, wodurch wird es blockiert? Und die dritte Frage: Kann ich mich dem, was ist, hingeben? Später werden wir mit der Kraft dieser drei Fragen als einem Ansatz zur Kultivierung der Wurzeln des Glücks arbeiten. Ich habe herausgefunden, dass allein schon diese Fragen, wenn sie in bestimmter Weise angewendet werden, uns tiefe Einsichten darin geben können, warum uns das wahre Glück unerreichbar scheint. Überdies werden wir untersuchen, was die Wurzeln des Glücks direkt nährt – nicht indem wir *versuchen,* glücklich zu sein, sondern durch die Kultivierung der Großzügigkeit des Herzens, was die grundlegenden Qualitäten der Dankbarkeit und der Vergebung umfasst.

Es ist anmaßend, zu denken, dass es eine leichte Formel geben könnte, um Glück zu erlangen. Wenn es solch eine einfache Formel geben würde, dann wäre sie mittlerweile entdeckt worden. Wie Woody Allen einst sagte: „Es erstaunt mich immer wieder, dass Menschen das Universum ‚ergründen' wollen, wo es doch schon schwer genug ist, sich in Chinatown zurechtzufinden."

Aber wenn Sie den Empfehlungen dieses Buches mit Geduld und Ausdauer folgen, können Sie zwei entscheidend wichtige Dinge lernen: Erstens, wie Sie das, was das Glück verhindert, sehen können, und wie es möglich ist, damit zu arbeiten. Und zweitens, wie Sie die Wurzeln des Glücks direkt nähren können. Das beginnt mit der Kultivierung der Fähigkeit, in Ihrem Leben wirklich präsent zu sein. Schließlich gehört dazu auch, dass Sie lernen, aus der Großzügigkeit des erwachten Herzens zu leben.

TEIL 1

Was verhindert unser Glücklichsein?

1 Anspruchshaltung

Wenn wir lernen wollen, wie wir aus einem echten Glück leben können, müssen wir zunächst erkennen, was es verhindert. Eines der größten Hindernisse ist unsere tief verwurzelte Anspruchshaltung. Das ist tatsächlich ein großer Teil des „Problems“ mit dem Glück: Wir glauben fest daran, dass wir glücklich sein *sollten*. Wir denken, es ist unser Recht, und deshalb fühlen wir, dass wir einen Anspruch darauf haben – selbst dann, wenn wir nicht wissen, was Glück eigentlich ist, außer dass wir uns gut fühlen. Diese Erwartung hat viele Gesichter. Wir spüren beispielsweise oft, dass uns eine gute Gesundheit zusteht und wir erwarten, dass wir jugendlich und fit bleiben können. Wenn das Leben uns aber mit einer Krankheit oder einem Unfall grüßt, versinken wir schnell in der Erstarrung von Frustration und sogar Verzweiflung. Manchmal genügt schon eine Erkältung, um unsere Ängste davor anzustoßen, dass wir die Kontrolle verlieren und uns machtlos fühlen könnten. Diese Anspruchshaltung – die im Grunde bedeutet, dass das Leben so verlaufen sollte, wie wir es möchten und erwarten – sagt uns sogar, dass wir nichts Unangenehmes erfahren sollten. Wenn wir dann aber tatsächlich etwas Unangenehmes erfahren, spüren wir, dass etwas falsch läuft; vielleicht werden wir sogar wütend und haben das Gefühl, dass es unfair ist, oder wir bemitleiden uns selbst.

Wenn wir mit einer Anspruchshaltung leben, werden wir uns garantiert irgendwann als Opfer fühlen. Wenn wir nicht das bekommen, was uns zusteht, also Glück zum Beispiel, erfahren wir die emotionale Dissonanz der Entmutigung. Und durch das Nähren der negativen Gefühle, dass wir beleidigt oder falsch behandelt wurden, verstärken wir nur noch unser Unglücklichsein. Aber es ist nicht leicht, dieses Anspruchsdenken, das uns sagt, wir sollten glücklich sein, zu überwinden. Der Glaube, dass wir nur das Gute verdienen, ist tief in unser Denken eingeprägt. Leider können wir nicht einfach glücklich sein, nur weil wir es wollen. Und wir können auch nicht so tun, als wären wir glücklich – beispielsweise indem wir lächeln –, und erwarten, dass wir glücklich *sein* werden, es sei denn in der oberflächlichsten Weise. Wenn wir glücklich sein wollen, müssen wir Folgendes anerkennen: Ja, wir wollen glücklich sein, aber meistens sind wir es nicht. Und all die Dinge, die uns glücklich machen sollen – erreichte Leistungen, Respekt, Liebe, Sex, Geld und Ruhm –, geben uns Glück nur in flüchtigen Dosen und nicht in der tiefen und bleibenden Weise, nach der wir uns sehnen.

Wenn, dann

Neben unserer Anspruchshaltung haben wir viele bestimmte Vorstellungen und Erwartungen darüber, was uns glücklich machen wird: „Wenn ich nur den richtigen Partner/die richtige Partnerin hätte, dann wäre ich glücklich“, „Wenn ich eine bessere Arbeit oder mehr Geld hätte, dann wäre ich nicht mehr so ängstlich“, „Wenn ich einen schöneren Körper hätte, dann wäre ich zufrieden“. Der eine Aspekt, den all unsere „Wenn, dann“-Vorstellungen gemein haben, ist ein tief liegender Widerstand gegen ein wirkliches Präsentsein in den gegenwärtigen Umständen unseres Lebens. Stattdessen ziehen wir es vor, in den Phantasien über die Zukunft zu leben, die ausreichend Endorphin produzieren. Von einem Standpunkt aus ist das verständlich, weil es sicher angenehmer ist, an unseren Erwartungen an eine andere und bessere Wirklichkeit festzuhalten, als mit dem zu sein, was ist. Aber wohin führt uns das? Es führt dazu, dass wir ein Leben führen, das weder real noch erfüllend ist.

Aber hier sollten wir uns daran erinnern, dass wir auf dem Weg zum wahren Glück als Erstes erkennen müssen, was diesen Weg blockiert. Wir müssen unsere vielen „Wenn, dann"-Vorstellungen und unsere subtilen Forderungen, dass das Leben anders sein sollte, als es ist, klar erkennen. Wenn wir unsere „Wenn, dann"-Haltung gegenüber dem Leben erkennen, machen wir den ersten Schritt zur Verringerung unseres Anspruchsdenkens. Dann können wir beginnen, der Wirklichkeit zu begegnen, die direkt vor uns ist. Wir möchten dieser Wirklichkeit vielleicht nicht begegnen und es wird sich möglicherweise auch unangenehm anfühlen, wenn wir es tun. Aber wie wir später noch sehen werden, das vollkommene Präsentsein mit dem, was ist, öffnet die Tür in eine Wirklichkeit, von der wir vielleicht nicht einmal wussten, dass sie möglich ist – die Wirklichkeit wahren Glücks. Aber als Erstes müssen wir daran arbeiten, klar zu beobachten und zu erkennen, wo wir feststecken, weil wir am Anspruchsdenken und unseren Forderungen an das Leben festhalten.

Oft geschieht es auch, dass wir unsere „Wenn, dann"-Haltung direkt in die spirituelle Praxis übertragen. Zum Beispiel: „Wenn ich eine Erleuchtungserfahrung hätte, dann wäre ich glücklich und im Frieden", „Wenn ich an mehr Meditationsretreats teilnehmen könnte, dann würde ich wirkliche Fortschritte machen". Oder wie viele von uns nehmen immer noch an, dass Meditation dazu führen sollte, dass wir uns gut fühlen? Wenn das unsere Anspruchshaltung ist, was geschieht dann, wenn wir uns nicht gut fühlen? Ist es nicht vorprogrammiert, dass wir uns in Enttäuschung und Selbstverurteilungen verfangen – oder gar glauben, dass die Praxis mangelhaft ist?

Die tiefer liegende Annahme lautet hierbei: Wenn wir lange und hart genug üben, wird unser Leiden vorübergehen. Aber selbst nach Jahren ernsthafter Anstrengungen kann unser Unbehagen fortbestehen – und hier bleiben wir stecken, denn unsere Anspruchshaltung sagt uns, dass all die unangenehmen Dinge weggehen *sollten.* Diese tief eingeprägte Annahme, dass die Praxis unser Leiden auflösen wird, kann viele Formen annehmen – die Sehnsucht nach angenehmen Erfahrungen, nach Ruhe, nach Freiheit von Angst oder irgendeiner vagen Vorstellung von Erleuchtung. Diese Sehnsüchte können uns über viele Jahre motivieren, denn wollen wir nicht alle vom ängstlichen Zittern tief in unserem Wesen befreit werden? Aber erst, wenn wir sehen, was die Praxis *nicht* ist, können wir erkennen, was sie wirklich ist. Und wenn wir Glück haben, durchschauen wir auch unsere Illusionen des Anspruchsdenkens.

Unsere Illusionen

Was ist also die Quelle dieser Anspruchshaltung? Sie kommt aus dem Ego, aus dem kleinen Verstand, der versucht, seine Welt zu kontrollieren und das Leben seinen Bedingungen unterzuordnen. Wir kennen alle den Top Hit im stillen Soundtrack des Egos: „Wenn ich das tue, dann werde ich mich besser fühlen." Unsere spezielle Variante dieser Annahme zu durchschauen ist ein wichtiger Aspekt im Prozess des Erwachens. Noch einmal, dieser Anspruchshaltung liegt die Vorstellung zugrunde, dass wir uns selbst und das Leben dazu bringen können, so zu sein, wie wir es wollen. Aber das kann nur zu Enttäuschungen führen. Warum? Egal, was wir tun, wir können kein Leben garantieren, das frei von Problemen ist.

Neben unserer Anspruchshaltung leben wir oft auch mit vielen Illusionen über uns selbst und darüber, wie das Leben sein sollte. Wir lesen vielleicht gern Bücher über spirituelle Praxis und reden darüber und sehen uns selbst als altruistischen Menschen – wir wollen ein gutes Leben führen und anderen helfen. Aber unsere Fähigkeit für Selbsttäuschung ist manchmal ziemlich bemerkenswert. Weil wir uns selbst so sehen wollen, dass wir uns um das Wohlergehen anderer sorgen, ignorieren wir möglicherweise unsere eigene Selbstbezogenheit. Aber früher oder später kommen wir an einen Ort, wo unser echtes Bemühen gefragt ist – jenseits von Lesen und Reden –, und wir erfahren vielleicht, wie wenig wir bereit sind, den Preis der Praxis zu zahlen.

Es war einmal ein Mann, der die Menschheit verbessern wollte. Wenn er die Zeitung las oder die Nachrichten hörte, wurde er aufgrund des Leidens in der Welt deprimiert, und er wusste nicht, wo er beginnen sollte. Trotzdem war er fest davon überzeugt, dass es seine Berufung war, Gutes zu tun. Als er eines Tages einkaufen ging, kam er in ein Geschäft und war erstaunt, als er den Buddha hinter dem Tresen stehen sah. Er war sich sicher, dass es der Buddha war, aber nur um ganz sicher zu sein, fragte er: „Entschuldigen Sie, sind Sie der Buddha?“ Der Buddha antwortete: „Ja, das ist mein Laden. Wir verkaufen alles, was Sie wollen. Was wollen Sie?“ Der Mann sagte: „Ich weiß nicht.“ Der Buddha antwortete: „Dann schauen Sie sich nur um und machen Sie eine Liste von allem, was Sie möchten, und dann kommen Sie zurück und zeigen mir die Liste.“

Der Mann lief die Gänge entlang und betrachtete, was in diesem ungewöhnlichen Geschäft angeboten wurde: saubere Luft, das Ende aller Kriege, friedliche Kooperation zwischen den Nationen, die Überwindung von Geschlechter- und Rassenvorurteilen, liebende Güte, Vergebung usw. Er machte eine lange Liste mit allem, was er wollte, und ging zurück zum Buddha, um ihm seine Liste zu geben. Der Buddha sah sie sich an, lächelte, bückte sich unter den Tresen und holte einige kleine Päckchen hervor. Der Mann fragte: „Was ist das?“ Der Buddha erwiderte: „Das sind Päckchen mit Samen.“ Der Mann fragte weiter: „Aber was ist mit den Dingen, die ich wirklich haben möchte?“ Der Buddha lächelte wieder und sagte: „Es sind die Dinge, die Sie möchten, in Form von Samen. Sie können sie pflanzen, gießen und sie zum Wachsen bringen, jemand anderes wird dann die Früchte ernten." „Oh, in diesem Fall, möchte ich nichts", sagte der Mann und verließ den Laden, ohne etwas zu kaufen.

Ein Aspekt des Weges zu wahrem Glück ist das Erkennen der Bereiche, wo wir aus unseren Illusionen leben, besonders in Bezug auf uns selbst. Ehrlich mit uns selbst zu sein bedeutet, anzuerkennen, wo wir an falschen Bildern von uns selbst festhalten. So wie unsere Anspruchshaltung, die fordert, dass das Leben anders sein sollte, als es ist, leugnen auch unsere falschen Selbstbilder die Wirklichkeit. Aber wenn wir dem begegnen, was ist, so wie es ist, gehen wir einen Schritt in Richtung der tieferen Wirklichkeit, die wir erfahren möchten. Der Mann in dieser Geschichte hatte die Gelegenheit, direkt in den Spiegel der Wirklichkeit zu schauen, und er sah klar seine mangelnde Bereitschaft, den Preis für ein Leben der Fürsorge für andere zu zahlen. Er war also nicht mehr darin gefangen, ein falsches Ideal aufrechterhalten zu müssen, das ihm sagte, wer er sein sollte. Die Möglichkeit eines authentischeren Lebens, ein Leben des zunehmenden Glücks, eröffnet sich, wenn wir ehrlich unsere tiefsten Glaubenssätze anschauen, besonders unsere Anspruchshaltung und unsere Illusionen.

Unsere Glaubenssätze und Illusionen über das Leben sind zahlreich und vielgestaltig. Hier sind einige der häufigeren:

„Das Leben sollte fair sein." Fast jeder hält auf grundlegender Ebene an diesem Glauben fest.

„Die Menschen sollten vernünftig sein." Trotz aller gegenteiligen Hinweise hängen wir weiterhin dieser Erwartung an.

„Regierungen (und Politiker) sollten ehrlich sein." Vielleicht denken wir, dass wir das nicht glauben, aber wenn

> wir aus Selbstgerechtigkeit wütend werden, wenn sich politische Unehrlichkeit zeigt, dann bedeutet das, dass wir immer noch an diesem Glauben festhalten.

> „Spirituelle Lehrer sollten niemals die Ursache von Verletzung sein." Selbst nach den vielen Fällen von Verfehlungen vonseiten spiritueller Lehrer und Autoritätspersonen ist das eine Idee, die wir nur schwer aufgeben können, denn wir wünschen uns so sehr, dass diese Idee der Wirklichkeit entspricht. Es gehört zur Berufung eines spirituellen Lehrers, vertrauenswürdig zu sein; aber immer, wenn wir eine starke emotionale Reaktion auf etwas erfahren, was der Lehrer getan hat, dann sollte das ein Alarmsignal sein, dass in unserer Beziehung zu ihm solch eine Idee mitschwingt, ob wir uns dessen bewusst sind oder nicht.

Eine Möglichkeit, um uns unserer besonderen Glaubenssätze und Phantasien über das Leben bewusst zu werden, besteht darin, uns selbst die folgende Frage zu stellen, wenn wir in einer schlechten Stimmung sind: „Wie, denke ich, sollte es sein?" Diese Frage wird uns meist direkt zu unserer besonderen Erwartung oder Anspruchshaltung führen.

Wenn wir solche Glaubenssätze eines Anspruchsdenkens, die sich darauf beziehen, wie die Dinge sein sollten, durchschauen, geht es nicht darum, dass wir zynisch werden. Schließlich sind auch zynische Glaubenssätze, wie „Das Leben ist grausam" oder „Den Menschen kann man nicht vertrauen" einfach nur Annahmen, die aus Enttäuschungen stammen, die nicht geheilt wurden. Wichtig ist, dass wir aufhören, aus *irgendeiner* Anspruchshaltung zu leben. Jedes Anspruchsdenken, an dem wir festhalten, jedes mentale Bild, in dem wir uns vorstellen, wie das Leben sein sollte, blockiert unsere Fähigkeit, wirklich mit dem präsent zu sein, was ist.

Der fundamentalste Glaubenssatz, der all unserem Anspruchsdenken, unseren „Wenn, dann"-Vorstellungen und selbst unseren Illusionen zugrunde liegt, ist die Annahme, dass das Leben für uns angenehm, problemlos und sicher sein sollte. All unser Widerstand gegen das Leben wurzelt in dieser Erwartung. Wenn uns das Leben nicht gibt, was wir wollen – Arbeit, die uns erfüllt; eine Beziehung, die harmonisch ist; einen Körper, der nicht altert oder krank wird –, leisten wir Widerstand. Unser Widerstand kann sich als Wut, Angst, Selbstmitleid oder Depression manifestieren, aber welche Form er auch annimmt, er blockiert unsere Fähigkeit, wahre Zufriedenheit zu erfahren. Wir sehen unsere unangenehmen Erfahrungen als Problem: Aber das Problem sind nicht die unangenehmen Erfahrungen selbst, sondern vielmehr der *Glaube*, dass wir nicht glücklich sein können, wenn wir unangenehme Erfahrungen machen. Eine der befreiendsten Entdeckungen einer Praxis des Gewahrseins ist das unmittelbare Erkennen, dass wir selbst inmitten von unangenehmen Erfahrungen Gelassenheit erfahren können.

Vor Kurzem fuhren meine Frau und ich nach Paris. Am ersten Tag dort bekam ich eine leichte Grippe mit einer Halsentzündung. Wir machten einen Spaziergang und es fing an zu regnen; als wir in der Kathedrale Notre Dame ankamen, fühlte ich mich ziemlich schlecht – alle Voraussetzungen für eine elende Situation waren gegeben.

Aber ich fragte mich: Was blockiert jetzt mein Glücklichsein? Die Antwort war offensichtlich. Es war die Geschichte über die Zukunft: Ich würde unsere gemeinsame Zeit in Paris nicht genießen können, wenn ich krank werden würde. Es würde nun wahrscheinlich vier Tage ununterbrochen regnen usw. Aber als ich die Geschichten über die Zukunft losgelassen hatte, wurde diese potenziell elende Situation zu einer Erfahrung nur leichter unangenehmer Körperempfindungen. Zudem erkannte ich, dass ich im gegenwärtigen Moment neben Elizabeth in einer der schönsten Kirchen der Welt saß. Als ich mich dieser Erfahrung hingab – mit dem schmerzenden Hals und allem anderen –, erfuhr ich eine tiefe, stille Freude, obwohl es mir nicht so gut ging.

Dazu waren zwei Dinge notwendig: Erstens sah ich, dass ich in meinen mentalen Bildern darüber, wie das Leben sein sollte, gefangen war. Und zweitens musste ich mich der ganz spezifischen körperlichen Erfahrung des gegenwärtigen Augenblicks hingeben. Das ist ein Kernpunkt, den wir immer wieder betonen werden: aus dem Kopf herauskommen und den Körper spüren. Das Gewahrsein und die Wertschätzung und das Glück, die aus dem Gewahrsein kommen, können sich oft nicht ohne die Absicht entfalten, wacher sein zu wollen. Durch Gewahrsein können wir erkennen, wo wir feststecken, wo wir an Glaubenssätzen oder einer Anspruchshaltung festhalten. Diese Hindernisse zu sehen ist der erste Schritt auf dem Weg zu wahrer Zufriedenheit und der Entwicklung jenseits der kleineren, flüchtigen Erfahrung persönlichen Glücks.

2 Der denkende Geist

Zwei Freunde bereiten ihr Frühstück vor. Während einer von ihnen Butter auf sein Toastbrot schmiert, sagt er: „Ist dir schon mal aufgefallen, dass ein Toast, wenn er auf den Boden fällt, immer mit der bestrichenen Seite nach unten landet?“ Der andere erwidert: „Ich glaube nicht, dass das immer so ist. Ich nehme an, du denkst wahrscheinlich, dass es so ist, weil du dich an den Schmutz erinnerst, wenn der Toast auf der bestrichenen Seite landet.“ Der Erste sagt daraufhin: „Okay, schau mal“, und lässt den Toast herunterfallen. Als der Toast mit der bestrichenen Seite nach oben landet, sagt der Zweite: „Siehst du, ich sagte dir doch, dass es nicht immer geschieht.“ Darauf meint der Erste: „Nein, ich weiß, was der Grund ist. Ich habe die falsche Seite mit Butter bestrichen.“

Das hört sich vielleicht dumm an, aber ist es wirklich dümmer als die ernsthafteren Gedanken, denen wir nachhängen und oft völlig für die Wahrheit halten? Obwohl der Glaube dieses Mannes in Bezug auf das Herunterfallen des Toastes keinen Schaden anrichtet, ist das bei vielen Gedanken, an denen wir anhaften, der Fall – sie verletzten oft uns selbst und andere. In der Tat ist es eines der stärksten Hindernisse für echtes Glück, wenn wir im denkenden Geist gefangen sind – und die Vergangenheit beklagen oder uns

Sorgen um die Zukunft machen. Wie in dem Beispiel mit dem Buttertoast können wir sehen, dass unsere Glaubenssätze wie ein Radar wirken: Was wir wahrnehmen, wird davon bestimmt, an was wir glauben und wonach wir suchen. Der Grund für all unsere Urteile, Ängste und begrenzenden Vorstellungen ist, dass wir nur im Kopf leben, und daraus entsteht eine selbstbezogene Enge, die das Rezept für das Unglücklichsein ist.

Es ist ziemlich interessant, zu beobachten, auf welch vielfältige Weise wir uns im denkenden Geist verfangen können. Viele Menschen verbringen beispielsweise viel Zeit mit dem Planen. Es ist nichts falsch am Planen, wenn eine Situation es erfordert, aber die einfache Beobachtung zeigt uns, dass wir oft im Planen *verloren* sind, ohne es zu wissen. Und wir erkennen meist auch nicht, dass das Planen oft einfach ein Versuch ist, die Kontrolle zu behalten. Mit dem Analysieren kann es genauso sein; manchmal ist das Analysieren die angemessene Antwort auf eine Situation, aber meistens ist es unser Bedürfnis nach Kontrolle, das uns dazu bringt, alles zu durchdenken, sogar bis zu dem Punkt, wo wir Menschen und Situationen zwanghaft analysieren. Weder das Planen noch das Analysieren richten großen Schaden an, aber wie können wir jemals echtes Glück erfahren, wenn wir in einer dieser beiden Aktivitäten gefangen sind? Es ist nützlich, sich gelegentlich die Frage zu stellen: „Bin ich jetzt glücklich?" Und wenn die Antwort „nein" ist, was meistens der Fall sein wird, wenn Sie ehrlich sind, dann können Sie fragen: „Was blockiert mein Glücklichsein?" Wenn Sie erfahren, wie es sich anfühlt, in der engen Welt des Denkens gefangen zu sein, dann wird es offensichtlich, dass sowohl das Planen als auch das Analysieren die Erfahrung wahrer Zufriedenheit verhindern.

Das Gleiche trifft für andere Möglichkeiten zu, wie wir uns im denkenden Geist verfangen: Das Phantasieren z. B., das oft dazu dient, etwas Unangenehmes in der Gegenwart zu vermeiden. Andere führen in ihren Gedanken Gespräche, um sich selbst in positivem Licht zu sehen oder um sich zu rechtfertigen. Und wieder andere verbringen Stunden mit beliebigen Tagträumereien und bemerken nicht, was in der Gegenwart geschieht. Und obwohl diese Tendenzen nicht unbedingt schädlich sind, macht uns keine davon glücklicher, es sei denn in der oberflächlichsten, flüchtigsten Weise.

Andere Formen des Denkens sind schädlicher. Besonders Schuldzuweisungen können unser Leben vergiften, und wenn wir diese beschuldigenden Gedanken aussprechen oder sie durch Körpersprache zum Ausdruck bringen, können sie auch andere Menschen vergiften. Klagen über die Vergangenheit und Sorgen um die Zukunft sind auch schädlich, weil sie dazu tendieren, eine pessimistische und enge Erfahrung der Wirklichkeit zu nähren und zu stabilisieren. Wir alle tun das in gewissem Maße, aber für manche Menschen wird es fast zu einer Sucht. Wenn wir nicht achtsam sind, können die Sorgen um die Zukunft zu alles einnehmenden Vorstellungen der Katastrophe werden, wobei das Leben dunkel und aussichtslos erscheint. Zudem kann es *real* erscheinen und unnötiges Leiden in Bezug auf eine Situation bringen, die nicht geschieht und in der Tat vielleicht nie geschehen wird.

Den ersten und zweiten Pfeil erkennen

Der Buddha sagte einmal, wenn wir von einem Pfeil getroffen werden, wird es sicher wehtun, wenn wir aber an der gleichen Stelle von einem zweiten Pfeil getroffen werden, wird es umso mehr wehtun. Das scheint vollkommen dem gesunden Menschenverstand zu entsprechen, aber wenn wir den zweiten Pfeil als ein Gleichnis für die schädlichen Eigenschaften des denkenden Geistes nehmen, dann vertieft sich die Bedeutung und wird nützlicher für uns. Wenn wir beispielsweise Kopfschmerzen haben, kann das zweifellos schmerzhaft sein. Aber wenn wir zusätzlich denken „Das ist schrecklich“ oder „Warum geschieht mir das?“, dann ist das so, als würden wir von einem zweiten Pfeil getroffen, und es verstärkt unseren körperlichen Schmerz. Wenn wir uns selbst beobachten, dann bemerken wir, dass wir ziemlich oft mit dem zweiten Pfeil auf uns selbst schießen. Dabei sind wir uns meist nicht bewusst, dass wir das tun. Warum? Weil wir unsere Gedanken und Urteile als nicht hinterfragte Wahrheit nehmen. Wie oft haben Sie gedacht „Das ist ungerecht", ohne überhaupt zu hinterfragen, ob der Gedanke wahr ist oder nicht? Oder nach einem Fehler, den wir als den ersten Pfeil bezeichnen können, fügen wir einen Gedanken als zweiten Pfeil hinzu: „Ich kann nichts richtig machen."

Manchmal können unsere Gedanken sogar als der erste Pfeil wirken. Im letzten Jahr hatte ich einen Termin für einen großen medizinischen Eingriff. Ich hatte keine Schmerzen, noch nicht einmal leichte Beschwerden, aber der Eingriff wurde mir als eine vorbeugende diagnostische Maßnahme dringend empfohlen. Einige Tage vor dem Eingriff begann mein Geist sich mit den üblichen Gedanken zu beschäftigen: „Ich will das nicht! Was ist, wenn es wehtun wird?" Und so weiter. Mit jedem Gedanken konnte ich spüren, wie das Maß an Angst zunahm. Aber als ich mir selbst die Frage stellte: „Was blockiert in diesem Moment mein Glücklichsein?", da war offensichtlich, dass ich unnötigerweise (und wiederholt) Pfeile auf mich selbst abschoss. Das heißt, meine Beschäftigung mit Gedanken an die Zukunft, die in der Angst vor dem Unbekannten gründeten, hatten die Macht übernommen. Aber dann erinnerte ich mich an eines meiner Lieblingsmantras: *Es geschieht jetzt nicht!* Mir wurde klar, dass es im gegenwärtigen Moment keinen Schmerz oder unangenehme körperliche Empfindungen gab, außer denjenigen, die von meinen Gedanken kamen, die als erste Pfeile wirkten. Als ich diese ganze Dynamik durchschaute, konnte auch die Angst verschwinden. Wir sollten also nie die Macht des Denkens unterschätzen, mit der es unser Glück vereiteln kann.

Natürlich wird der Geist denken. Das Ziel besteht *nicht* darin, unser Denken anzuhalten. Und wir müssen unsere Gedanken auch nicht verändern. Obwohl es hilfreich sein kann, wenn wir unsere Denkmuster verändern, um uns eine kurzfristige Erleichterung zu verschaffen, gehen solche Veränderungen nicht tief genug, um längerfristig wirken zu können. Unser Versuch, unseren Geist durch bessere Gedanken zu verändern, führt nur zu noch mehr Enttäuschung und Leiden. Wie bei Affirmationen wirkt die Veränderung von Denkmustern vor allem auf der mentalen Ebene. Aber wirkliche Veränderung muss sich auch auf die tief eingeprägten Konditionierungen im Körper beziehen, denn unsere Gedanken sind untrennbar mit unserem Körper verbunden – wo unsere Erinnerungen, Glaubenssätze und Ängste auf zellulärer Ebene gespeichert sind. Nur wenn wir unsere Gedanken genau untersuchen, werden wir sehen, wie sie mit unserer körperlichen Befindlichkeit verbunden sind.

Hier kann folgende Frage entstehen: Wenn wir nicht versuchen, unsere Gedanken anzuhalten oder zu verändern, was können wir dann tun, damit sie nicht länger unser Glücklichsein blockieren? Darauf gibt es zwei Antworten. Erstens, durch Selbstbeobachtung müssen wir unsere Gedanken klar erkennen. Das ist keine Analyse! Es ist einfach nur Beobachten, und dabei machen wir den Prozess des Beobachtens so objektiv wie möglich. Dafür ist es hilfreich, die aufsteigenden Gedanken zu benennen. Bei den Gedanken an meinen medizinischen Eingriff könnte ich die Gedanken zum Beispiel folgendermaßen benennen: „Ich glaube an den Gedanken *Ich will das nicht*" oder „Ich glaube an den Gedanken *Es wird wehtun*". Durch diesen Prozess des Benennens müssen wir uns weniger mit den Gedanken beschäftigen und sind weniger damit identifiziert. Es hilft uns auch dabei, den *Glaubenssatz* von der Wirklichkeit zu unterscheiden und zu trennen.

Nachdem wir unsere Gedanken eindeutig benannt haben, können wir in einem zweiten Schritt unser Gewahrsein auf die besondere Erfahrung im Körper richten; wir verweilen darin so lange, bis wir sie wirklich spüren können. Auch hier ist das Ziel *nicht,* irgendetwas zu verändern oder irgendetwas loszuwerden, sondern einfach das, was erscheint, zu beobachten und zu erfahren. Im Zusammenhang mit dem Gedanken „Ich will das nicht", spürte ich eine starke Übelkeit im Bauch. Normalerweise würden wir bei diesem Gefühl nicht verweilen wollen. Eigentlich wollen wir nie bei einem unangenehmen Gefühl verweilen. Aber je stärker wir Widerstand leisten, desto stärker werden schließlich unsere ungewollten Gefühle.

Es ist sehr lohnenswert, mit diesem Prozess zu experimentieren – als Erstes die Gedanken zu benennen und als Zweites beim Gefühl im Körper zu verweilen. In meinem Beispiel konnte sich die Angst durch diesen zweiteiligen Prozess in relativ kurzer Zeit auflösen. Aber es ist wichtig, hier anzumerken, dass sie *nicht* deshalb verschwand, weil ich versuchte, sie loszuwerden, sondern weil ich den Widerstand aufgab und mich stattdessen der reinen körperlichen Erfahrung dessen, was im Moment geschah, öffnete – ohne all meine Glaubenssätze darüber. Sicher werden unsere tiefsten konditionierten Glaubenssätze mehr Arbeit erfordern, bevor sie sich auflösen, aber wenn wir uns nicht dieser Arbeit widmen, werden unsere Gedanken weiterhin bestimmen, was wir fühlen und wie wir handeln.

Urteile

Zweifellos der schädlichste Aspekt des denkenden Geistes ist unsere Tendenz, zu urteilen. Urteile über andere untergraben unseren aufrichtigen Wunsch nach Glück, weil sie uns automatisch von denjenigen, die wir beurteilen, trennen. Das trifft besonders auf unsere kritischen Urteile zu, bei denen wir uns über einen anderen Menschen stellen, indem wir ihn herabsetzen. Und wie bei einem großen Teil der Aktivität des denkenden Geistes hinterfragen wir nur selten die Wahrheit unserer Urteile. Wir glauben einfach, sie wären „Die Wahrheit".

In der Tat haben wir so viele nicht hinterfragte Urteile über andere Menschen, dass wir kaum uns selbst sehen können. Es gibt einen Witz über einen Mann, der ziemlich kritisch gegenüber seiner Frau war. Er wusste, dass sie sensibel auf seine Kritik reagierte, deshalb versuchte er, vorsichtig zu sein. Aber trotzdem störten ihn die Fehler seiner Frau! Eines Tages bemerkte er, dass seine Frau schwerhörig zu sein schien, aber er wusste nicht, wie er es ansprechen sollte, und ging zu einem Arzt, um sich Rat zu holen. Der Arzt schlug einen Test vor: Er sollte irgendwo stehen, wo seine Frau ihn nicht sehen konnte, und dann eine Frage stellen – erst in sechs Metern Entfernung, dann in drei Metern und dann ganz nah. Er ging nach Hause, und als seine Frau mit dem Rücken zu ihm an der Spüle in der Küche stand, fragte er sie von der anderen Seite des Raumes aus: „Was gibt es heute zum Abendessen?" Er hörte keine Antwort, also ging er etwas näher und fragte wieder: „Was gibt es heute zum Abendessen?" Als er immer noch keine Antwort bekam, kamen in ihm sehr starke Urteile über ihre Schwerhörigkeit auf. Schließlich stellte er sich genau hinter sie und fragte nochmals: „Was gibt es heute zum Abendessen?" Seine Frau drehte sich um und sagte: „Zum dritten Mal: Hühnchen!"

Unsere Urteile in Bezug auf andere Menschen sind schlimm genug, aber unsere Urteile über uns selbst richten oft noch mehr Schaden an. In der Tat ist eines unserer größten Hindernisse zum Glück unsere unaufhörliche Selbstverurteilung, insbesondere der negative Glaube, dass wir im Grunde fehlerhaft sind oder dass uns irgendetwas fehlt. Wir leben alle im Gefängnis unserer Selbstbilder, die uns sagen, wie wir sein sollten, und wir verurteilen uns ständig dafür, dass wir diesen Bildern von uns selbst nicht gerecht werden. Als Folge dessen kritisieren wir uns selbst gnadenlos. Unsere negativen Selbstverurteilungen haben viele Formen – wir fühlen uns wertlos, dumm, inkompetent, unattraktiv oder allgemein minderwertig. Manchmal sind die Selbstverurteilungen noch gröber – wir fühlen uns wie ein Niemand oder gar als Ausgestoßener. In allen Fällen sind wir in den engen, falschen Grenzen des denkenden Geistes gefangen und nehmen diese Urteile als die absolute Wirklichkeit. Dadurch erhalten wir unser eigenes Leiden aufrecht und schießen immer wieder Pfeile auf uns selbst ab. Es ist ein nie endender Teufelskreis.

Unsere Selbstverurteilungen sind nicht immer deutlich an der Oberfläche unseres Geistes. Oft wirken sie unterschwellig und haben einen Effekt auf die Art und Weise, wie wir uns auf die Welt beziehen. In gewisser Weise sind sie das im Hintergrund arbeitende Betriebssystem auf unseren Computern und wirken ständig und unerbittlich im Verborgenen. Und all diese verschiedenen Formen unserer Selbstverurteilungen haben eine Grundaussage gemeinsam: „Ich bin schlecht.“ Wir sagen uns vielleicht nicht genau diese Wörter und die Aussage ist vielleicht im Hintergrund verborgen, aber wenn wir uns beobachten, werden wir mehr und mehr erkennen, wie sie unser Leben beeinflussen. In einigen von uns zeigt sich diese Aussage dadurch, dass wir uns noch mehr anstrengen, um gut genug zu sein. Bei anderen wieder zeigt sie sich, indem sie sich verstecken, um Fehler zu vermeiden. Wieder andere bringt sie dazu, sich abzulenken, oder wir finden Wege, um den Schmerz nicht zu spüren, der aus dem Festhalten an alte Glaubenssätze entsteht.

Wir gehen vielleicht gar in extreme Bereiche, um den Schmerz unserer Selbstverurteilungen nicht zu spüren. In dem Roman *Der Vorleser* ist einer der Hauptcharaktere eine Frau, die einmal Aufseherin in einem Konzentrationslager der Nazis war. Obwohl sie ziemlich intelligent war, konnte sie weder lesen noch schreiben und sie schämte sich so sehr für ihren Analphabetismus, dass sie ihn vor allen versteckte. Ihre negativen Selbstverurteilungen waren so stark, dass sie ihren Analphabetismus selbst dann nicht zugeben konnte, als ihr Schweigen eine lange Gefängnisstrafe nach sich zog.

Unsere Selbstverurteilungen sind oft die am schwersten fassbaren Aspekte des denkenden Geistes und auch etwas, womit wir uns kaum auseinandersetzen wollen. Aber wenn wir die Gewohnheit entwickeln, uns selbst zu fragen: „Bin ich jetzt wirklich glücklich?“, und im Anschluss auch fragen: „Was blockiert mein Glücklichsein?“, dann sehen wir möglicherweise, wie sehr unser Glück von den negativen Glaubenssätzen über uns selbst behindert wird.

Wie bei den anderen Gedanken, an die wir glauben, müssen wir sie zunächst objektiv beobachten und sie benennen, um zusätzliche Klarheit zu erfahren: „Ich glaube an den Gedanken *Ich werde nie genug sein*“, oder „Ich glaube an den Gedanken *Ich bin nicht liebenswert*“. Vielleicht müssen wir die Gedanken, an die wir glauben, in dieser Weise hundert Mal benennen, aber früher oder später wird unser Glaube an sie schwächer werden. Dieser Prozess des Benennens bringt nicht nur Objektivität, sondern auch Barmherzigkeit – das genaue Gegenteil von Selbstverurteilung –, weil wir durch die zunehmende Objektivität uns selbst mit mehr liebevoller Toleranz sehen und entsprechend mit uns selbst umgehen.

Der nächste Schritt besteht darin, dass wir die Kontraktion im Gedanken-Körper spüren, die mit diesem Glaubenssatz verbunden ist. Was spüren wir körperlich, wenn wir diesem Gedanken Glauben schenken? Gibt es ein bestimmtes Körpergefühl, das mit unseren negativen Selbstverurteilungen einhergeht? Wenn wir es genau beobachten, wird die Antwort ja sein. Diese Körperempfindung ist das Gefühl, das mit der Angst einhergeht, und das aus der Tiefe unserer Konditionierung kommt – die Angst, dass wir wertlos oder nicht gut genug sind –, und dieses Gefühl ist nicht angenehm. Instinktiv wollen wir uns davon abwenden, weil wir dazu tendieren, alles Unangenehme vermeiden zu wollen. Aber wenn wir mit diesen unangenehmen Empfindungen vollkommen präsent sein können, dann werden sie sich oft so sehr verringern, dass sie kein Problem mehr sind. Auch hier besteht das Ziel nicht darin, etwas zu verändern oder loszuwerden, sondern nur so objektiv wie möglich zu beobachten und zu spüren, was *genau jetzt* geschieht – nicht „warum“, sondern einfach nur „was“. Wenn wir das tun können, dann erscheinen vielleicht immer noch unsere Selbstverurteilungen, aber wir werden sie nicht mehr für „Die Wahrheit“ halten. Ich verlange nicht, dass Sie einfach glauben, was ich Ihnen hier sage. Aber wenn Sie ernsthaft die Absicht haben, ein glücklicheres Leben zu führen, dann möchten Sie es vielleicht ausprobieren und selbst erkennen, was möglich ist.

Warum nutzen wir nicht viel öfter unser Gewahrsein, um die Glaubenssätze des denkenden Geistes zu hinterfragen, wo es doch so offensichtlich ist, dass diese Glaubenssätze unser Glück blockieren? Die Antwort ist, dass der Zustand des Wachschlafs – in dem wir uns nicht bewusst sind, was wir denken oder fühlen – der Grundzustand des Menschen ist. Wenn wir uns selbst ehrlich beobachten, dann erkennen wir, in welchem Maße wir in unseren Gedanken und Gefühlen verloren sind, was auch für die meisten unserer Aktivitäten zutrifft. In der Tat sind wir nur selten wirklich präsent, meist nur in kurzen Momenten. Aber die Tatsache, dass Unbewusstheit unser Grundzustand ist, muss nicht heißen, dass es unser ständiger Zustand ist. Mit Absicht und Beharrlichkeit ist es möglich, der Macht des Wachschlafs entgegenzuwirken. Und am Anfang können die beiden Übungen des Beobachtens des Geistes und des Fühlens der Körperlichkeit des Gedanken-Körpers uns helfen, ein Leben zu kultivieren, das wacher und bewusster und letztendlich auch erfüllender und glücklicher ist.

Es ist möglich, zu jeder Zeit des Tages den Geist zu beobachten und den Körper zu fühlen. Sie müssen nicht meditieren oder allein sein und noch nicht einmal einen ruhigen Ort aufsuchen. Sie können jederzeit rechtzeitig innehalten – bei der Arbeit, beim Autofahren, während des Essens und so weiter. Seien Sie für die Dauer von drei Atemzügen einfach präsent und beschäftigen Sie sich nicht mit dem denkenden Geist. Eine besonders lohnenswerte Zeit, um aus dem denkenden Geist herauszukommen, ist ein Spaziergang. Wenn Sie mit einem Teil Ihres Gewahrseins auf die

Geräusche in der Umgebung oder auf die Empfindung Ihrer Füße auf dem Boden achten, können Sie den Geist leichter beobachten, ohne an den Gedanken anzuhaften. Versuchen Sie es, wenn Sie einen kurzen Weg gehen müssen – wenn Sie beispielsweise etwas erledigen müssen. Statt eines Geistes, der überall herumschwirrt, was normalerweise der Fall ist, werden Sie die Möglichkeit eines anderen Lebens erahnen. Wenn Sie an einem Baum vorbeilaufen, werden Sie ihn vielleicht sogar sehen und wertschätzen, statt ihn nur auf dem mentalen Bildschirm Ihrer Gedanken zu sehen – oder überhaupt nicht.

Erinnern Sie sich daran, dass wir davon ausgehen können, dass der Geist ständig Gedanken hervorbringen wird. Mit jedem Gedanken, an den wir glauben, filtern und zerteilen wir die Wirklichkeit und leben schließlich in einer auf Gedanken basierenden Welt, die weder real noch erfüllend ist. Aber wenn wir anfangen, den Geist zu beobachten – und dabei nicht versuchen, das Denken anzuhalten, sondern es nur beobachten und spüren, wie es sich auf unseren Körper auswirkt –, ist es möglich, ein grundlegendes Gewahrsein zu erfahren. Dieses wortlose Empfinden der Präsenz, über das wir später noch ausführlicher sprechen werden, ist die Erfahrung des Seins oder des „Hier“. So wie der denkende Geist der Sitz der Selbstbezogenheit und oft auch des Unglücklichseins ist, ist dieses grundlegende Gewahrsein eine der Quellen unseres grundlegenden Glücklichseins. Aber um dieses Gewahrsein zu kultivieren und ein wirklich glückliches Leben zu leben, müssen wir damit beginnen, die Gedanken, die es blockieren, aufzudecken und damit zu arbeiten.

3 In Emotionen gefangen

Wenn wir beobachten, was in uns das Glücklichsein blockiert, werden wir zweifellos bemerken, wie stark es sich auswirkt, wenn wir in unseren Emotionen gefangen sind, insbesondere in Wut, Angst und Verzweiflung. Wir können sehen, wie sie uns von einem Leben aus unserem offenherzigen Wesen abschneiden, das die letztendliche Quelle grundlegenden Glücklichseins ist. Die Wut beispielsweise wurzelt in einer Abneigung dem Leben gegenüber und sie trennt uns von anderen. Auch Angst ist eine trennende Emotion, weil sie unser Leben zu einem geschützten Kokon verengt. Und Verzweiflung und Depression trennen uns nicht nur von anderen, sondern auch von uns selbst. Wenn wir in diesen Emotionen gefangen sind, dann sind wir von unserem Herzen getrennt. Wie könnten wir glücklich sein, wenn wir soviel Zeit unseres Lebens gefangen in emotionalen Reaktionen verbringen? Wut, Angst und Depression sind nur die üblichen Verdächtigen – hinzukommen Selbstzweifel, die unsere Welt klein und trostlos machen; Verwirrung, die uns lähmen kann; Selbstmitleid, das uns mit dem Gefühl, ein Opfer zu sein, zurücklassen kann; und Feindseligkeit, die das Herz verhärtet und jede Möglichkeit für echtes Glück verhindert.

Diese trennenden Emotionen vergeuden auch unsere grundlegende Lebensenergie. Wenn wir beispielsweise unsere Wut ausdrücken, dann verschwenden wir unsere Lebenskraft. Und ich spreche nicht nur über die offensichtlichen explosiven Wutausbrüche. Wir verschwenden während des Tages Energie auch in subtilerer Weise – wenn wir beispielsweise Gereiztheit, Ungeduld, passive Aggression und Selbstgerechtigkeit zum Ausdruck bringen, denn all das sind Formen von Wut. Wenn wir in Furcht und Angst gefangen sind, ist der natürliche Fluss unserer Lebensenergie in gleicher Weise gehemmt – ein klassisches Beispiel für das Gefühl, in einem Hindernis gefangen zu sein. Und in der Depression, in der wir im Grunde ungewollte Emotionen wie Wut, Verletztheit oder Angst unterdrücken, schneiden wir buchstäblich unsere Lebenskraft ab. Deshalb spüren wir in der Depression solch einen Mangel an Energie.

Obwohl diese trennenden Emotionen unsere Energie verschwenden und auch sehr stark zu unserem Unglücklichsein beitragen, wollen wir sie paradoxerweise oft nicht aufgeben. In unserer irregeleiteten Suche nach persönlichem Glück (im Gegensatz zu tieferem oder authentischerem Glück) denken wir immer noch, dass uns diese Emotionen nützen werden. Trotz all der Belege des Gegenteils glauben wir weiterhin, dass Wut uns helfen wird, uns zu schützen, und uns dabei unterstützen wird, das zu bekommen, was wir wollen. Wir beschuldigen, konfrontieren, wir sind schlecht gelaunt, so wie kleine Kinder, die immer lauter schreien und denken, dass sie dann bekommen, was sie wollen. Und wir *glauben* unseren Gedanken: „Wenn sie sich nur ändern würde, dann wäre alles besser." Aber nur selten erreichen wir das gewünschte Resultat und in der Zwischenzeit bleiben wir im geschlossenen Herzen der Wut stecken.

Bei der Angst akzeptieren wir das Gefühl falscher Sicherheit, das sich einstellt, wenn wir auf ihre Stimme hören, die uns sagt, dass wir uns von dem abwenden sollten, was uns gefährlich erscheint. Aber gefährlich für wen? Gilt es nicht nur für den kleinen Verstand, der in der Komfortzone des Bekannten bleiben will? Die Angst sagt uns, dass etwas falsch läuft, aber wenn wir an diese Stimme glauben und uns damit beschäftigen, dann bleiben wir in der engen, geschützten Welt unseres Kokons gefangen, der durch die Angst geschaffen wird. Deshalb ist die Angst eines der Haupthindernisse für wahres Glück – nicht nur, weil es sich momentan nicht gut anfühlt. Die Angst verspricht uns zwar, uns zu schützen und Sicherheit zu geben, aber sie verhindert, dass wir uns dem Leben öffnen. Es ist ironisch, wie stark wir an dem Glauben festhalten, dass das Vermeiden unserer Ängste uns Glück bringen kann, weil das genaue Gegenteil der Fall ist. Wenn wir die angstauslösende Handlung, die wir tun wollen, vermeiden, dann fühlen wir uns in diesem Moment schrecklich. Aber wenn wir uns den Ängsten zuwenden (was wir später noch genauer untersuchen werden), können unsere Ängste mit der Zeit nachlassen.

Auch die Depression ist ein verzerrter Versuch, sich glücklich zu fühlen, weil sie die Emotionen wie Verletzung und Angst dämpft, von denen wir denken, dass sie uns unglücklich machen. Obwohl wir denken, dass wir nicht depressiv sein wollen, gibt es einen anderen Teil in uns, der die unangenehme Empfindung verborgener Gefühle noch mehr fürchtet. Wir erkennen nicht, dass die Gefühle selbst nicht annähernd so problematisch sind, wie die Mauern, die wir errichten, um uns zu schützen – Mauern, die dafür sorgen, dass wir eingeengt werden. Und so akzeptieren wir die emotionale Abstumpfung als einen Ersatz für das Leben. Solange wir in der Depression gefangen sind, verschließen wir uns der Möglichkeit, uns dem Leben zu öffnen oder das echte Glück zu erfahren, das entsteht, wenn wir uns unseren Emotionen direkt zuwenden – einschließlich der Emotionen, die wir nicht fühlen wollen; aber auch denen, die wir gern empfinden.

Diese trennenden Emotionen der Wut, Angst und Verzweiflung festigen unsere bekannten Wege, mit denen wir versuchen, die Kontrolle aufrechtzuerhalten. Selbst wenn sich die Emotionen schlecht anfühlen, fürchten wir die Bodenlosigkeit des Unbekannten noch mehr. Die Hingabe an die Bodenlosigkeit ist wahrscheinlich das Letzte, was wir tun wollen. Es gibt eine Geschichte über einen Mann, der in einen tiefen Brunnen fällt, beim Fall nach unten aber er einen Ast zu fassen bekommt. Er hält sich mit allen Kräften am Ast fest und schreit: „Hilfe! Ist da jemand, der mir helfen kann?“ Als er nach oben schaut, sieht er niemanden – nur den Himmel. Und dann öffnet sich wie durch ein Wunder der Himmel; ein Lichtblitz erscheint und der Mann hört eine dröhnende Stimme, die sagt: „Ich bin Gott und ich bin hier, um dir zu helfen. Lass den Ast los, und ich werde dich retten.“ Der Mann zögert einen Moment und ruft: „Ist da oben noch jemand, der mir helfen kann?“

Können wir uns der Tatsache stellen, dass wir zwar glücklich sein möchten, aber oft nicht bereit sind, den Preis dafür zu zahlen? Wir sagen, dass wir glücklich sein wollen, aber es vergeht kaum ein Tag, an dem wir uns nicht mit diesen trennenden Emotionen beschäftigen. Wir strengen uns vielleicht gelegentlich an, um unsere Wut und Angst zu überwinden, aber viel öfter geben wir ihnen noch mehr Nahrung. Wie können wir unseren ausdrücklichen Wunsch, glücklich zu sein, mit der unbestreitbaren Tatsache in Übereinstimmung bringen, dass wir genau an den Emotionen festhalten, die am stärksten zu unserem Unglücklichsein beitragen?

Eine Schülerin fragte mich kürzlich: „Warum halte ich an Schuldzuweisungen und Wut fest, wenn sie mich doch so unglücklich machen?“ Ich antwortete, der Grund wäre wahrscheinlich, dass sie immer noch in der Lage sei, Genugtuung aus dem irreführenden Gefühl zu bekommen, dass sie recht hat. In meiner ersten Ehe führte ich zum Beispiel viele Machtkämpfe mit meiner damaligen Frau. Obwohl ich diese Auseinandersetzungen nicht mochte, bei denen wir beide darauf bestanden, dass wir recht hatten, war ich nicht bereit, damit aufzuhören. Ich glaubte wirklich, dass ich im Recht sei; und oft hatten wir lieber das Gefühl, recht zu haben, als glücklich zu sein. Wir mochten diese Lebendigkeit und das scheinbare Gefühl der Macht, die mit unserer Selbstgerechtigkeit einhergingen. Aber wie bei all diesen trennenden Emotionen blieb am Ende nur das unbefriedigende Gefühl, getrennt zu sein.

Das Geschenk der Reue

Wir errichten alle Mauern um uns herum, die uns vor Schmerzen schützen sollen. Aber durch diese Mauern bauen wir uns selbst ein Gefängnis der Trennung und zerstören unsere Beziehung zu anderen. Wenn wir die Schutzmauern nicht einreißen, werden wir weiterhin das Unglück der Trennung erfahren. Wenn wir die Mauern langsam abbauen, können wir mehr und mehr das wahre Glück erfahren, das daraus kommt, dass wir mit uns selbst, mit anderen und dem Leben selbst verbunden sind. Damit das geschehen kann, müssen wir zunächst die ehrliche Reue für ein Leben in Trennung von uns selbst und unserem Herzen erfahren. Dieses Gefühl der Reue, das mich schließlich dazu brachte, mit den Kämpfen gegen meine damalige Ehefrau aufzuhören, ist etwas anderes als Schuldgefühle. Schuld ist nur eine subtile Form der Wut, die wir auf uns selbst richten. Reue hingegen basiert nicht auf unseren Gedanken oder auf moralischen Vorschriften darüber, wie wir zu sein haben. Es ist ein Gewahrsein des tatsächlichen Schmerzes eines Lebens, das getrennt vom Herzen gelebt wurde. Wenn wir Reue auf dieser Ebene erfahren, werden wir eher motiviert sein, das Notwendige zu tun, um aus unserer konditionierten Blockierung herauszukommen.

Während meiner Zeit als ehrenamtlicher Mitarbeiter in einem Hospiz habe ich jede Woche einige Stunden mit Patienten verbracht, die dem Tode nahe waren. Als ich die ersten Male zu den Patienten ging, hatte ich Angst und Selbstzweifel in Bezug darauf, wie ich mich in ihrer Gegenwart verhalten sollte und was genau ich tun sollte. Einmal war ich bei einem Patienten, der völlig in seinen eigenen blockierenden Emotionen gefangen war; er war nicht dazu in der Lage, sich irgendjemandem zu öffnen, auch nicht seinen Familienmitgliedern. Dieses Gefühl der Isolation, das vielen sterbenskranken Menschen gemein ist, war zu seinem selbst gebauten Gefängnis geworden.

Bei einem Besuch konnte ich genau sehen, was los war, aber ich kannte ihn kaum und ich hatte das Gefühl, dass es anmaßend wäre, mit ihm darüber zu reden. Aber als ich nach Hause fuhr, wurde mir eindringlich klar, dass ich mich selbst aus Angst zurückgehalten hatte, und ich spürte Reue – ich erkannte, dass ich aus Angst lebte, statt aus der Großzügigkeit des Herzens. Mein Gefühl der Reue wurde so stark, dass ich an den Straßenrand fahren und halten musste. Es fühlte sich wie ein Schmerz in der Mitte meiner Brust an. Als ich einige Zeit mit dieser Empfindung verweilte und erlebte, wie es sich anfühlt im engen und einschnürenden Griff der Angst gefangen zu sein, stieg in mir die starke Entschlossenheit auf, mich beim nächsten Besuch nicht zurückzuhalten. Diese Entschlossenheit, die aus der Erfahrung der Reue entstanden war, erlaubte es mir, bei meinen nächsten Besuchen auf ganz andere Weise mit dem Patienten zu sprechen und anders mit ihm umzugehen. Und bald schon entwickelten wir eine echte Herzensverbindung, die es uns beiden ermöglichte, aus unseren selbstbehindernden Gefängnissen der Angst herauszukommen.

Wie wir erkennen, wo und wie wir gefangen sind

Wenn wir in unseren emotionalen Reaktionen gefangen sind, besteht der erste Schritt auf dem Weg zu einem wacheren und schließlich glücklicheren Leben darin, klar zu sehen, wo und wie wir gefangen sind. Wir wissen vielleicht nicht einmal, dass wir wütend sind, besonders dann, wenn die Wut subtil ist, wie bei Ungeduld oder einer leichten Gereiztheit. Wir wissen möglicherweise auch nicht, ob Angst oder Depression uns beeinflussen – vielleicht spüren wir nur vage, dass etwas nicht stimmt. Deshalb kann die Frage „Bin ich jetzt wirklich glücklich?" gefolgt von der Frage „Was blockiert mein Glücklichsein?" so hilfreich sein. Diese Fragen erlauben es uns, unsere Aufmerksamkeit nach innen zu richten und ziemlich genau zu erkennen, was eigentlich los ist.

Das Anerkennen der Bereiche, wo wir gefangen sind, ist der erste notwendige Schritt. Aber es ist nicht genug, wenn wir nur wissen, dass wir wütend oder ängstlich sind. Wir müssen in unseren Beobachtungen genauer sein, besonders im Hinblick auf unsere Glaubenssätze – wir müssen uns der Geschichten, die wir uns erzählen, bewusst werden. Eine Möglichkeit, um klarer und genauer zu werden, besteht darin, diejenigen Gedanken zu benennen, die den größten emotionalen Ballast enthalten – Gedanken, wie diese: „Ich kann das nicht aushalten", oder „So etwas kann man doch niemandem zumuten". Benennen bedeutet, dass wir still zu uns sagen: „Ich glaube an den Gedanken *Ich kann das nicht aushalten.*" Wenn wir diese Glaubenssätze benennen, dann artikulieren wir sie nicht nur in aller Klarheit, sondern verringern auch unsere Identifikation damit. Wenn wir unsere Glaubenssätze in dieser Weise objektivieren, dann halten wir sie nicht mehr für die solide Wahrheit. Zudem verstärken diese Glaubenssätze auch nicht mehr die Emotionen, durch die wir uns von anderen getrennt fühlen.

Es kann hilfreich sein, ein Notizbuch zu führen, in dem Sie die Gedanken, denen Sie am ehesten glauben, aufschreiben. Es ist wahrscheinlich, dass die gleichen Gedanken oft wiederkehren werden, selbst in sehr unterschiedlichen Situationen. In der Depression ist es verbreitet, dass sich Versionen der drei Gedanken, die für die Depression typisch sind, immer wiederholen: „Meine Welt ist trostlos", „Mein Leben ist ohne Hoffnung" und „Ich bin wertlos". Fast mit jeder trennenden Emotion gehen solche Gedanken einher: „Hier stimmt etwas nicht!" oder „Ich muss das wieder in Ordnung bringen". Und abhängig von unserer eigenen besonderen Geschichte verfangen wir uns in Glaubenssätzen: „Ich bin nicht gut genug", „Ich muss die Dinge kontrollieren", „Das Leben ist nicht sicher", „Ich werde immer allein sein" oder eine andere Version unserer konditionierten Annahmen.

Wir haben auch die Tendenz, unsere emotionalen Reaktionen dadurch zu verfestigen, dass wir sie rechtfertigen. Und dies basiert oft auf unseren Erinnerungen an Erlebnisse in der Vergangenheit. Es ist eine große Versuchung, in unsere Vergangenheit zu schauen und Menschen oder Ereignisse zu finden, denen wir die Schuld für unsere Schwierigkeiten geben können. Aber unsere Erinnerungen an die Vergangenheit sind fragmentiert und oft ungenau. Wir mögen vielleicht das Gefühl von Kontrolle, das sich einstellt, wenn wir die Vergangenheit analysieren. Aber es ist trotzdem kontraproduktiv, weil es unsere persönliche Geschichte verstärkt, statt uns davon zu befreien.

Können wir die Faszination mit Erklärungen darüber, warum wir sind, wie wir sind, loslassen, und uns auf das fokussieren, woran wir in der Gegenwart glauben? Nein, oft gelingt es uns nicht – weil wir die Glaubenssätze als die Wahrheit sehen, und so verfestigen und nähren sie weiterhin unsere Emotionen. In ähnlicher Weise bleiben wir auch in unseren Urteilen, an die wir glauben, gefangen. In der Depression können beispielsweise Gedanken wie „Depression ist schlecht" oder „Ich sollte nicht depressiv sein" schlimmer sein als die Depression selbst. Es ist also hilfreich, zunächst die Gedanken und Urteile, an die wir glauben und die in unserem Geist anwesend sind, zu erkennen. Dann können wir aufhören, sie zu verstärken und weiter in Bewegung zu halten, damit sie nicht länger die Emotion nähren.

Was aber geschieht, wenn wir die Glaubenssätze erkannt und uns von ihnen distanziert haben? Dann ist einfach das, was ist – die körperliche Erfahrung der Emotion selbst. Mit der Energie und der tiefen körperlichen Empfindung einer Emotion präsent zu sein, erscheint schwierig, weil es ganz sicher unangenehm sein wird. Aber es gibt Methoden, um diesen Prozess in sehr direkter Weise anzugehen.

Wir werden die Hilfsmittel dafür im nächsten Teil des Buches genauer besprechen, aber eine grundlegende Methode, zu der wir immer wieder zurückkehren werden, ist zu lernen, unsere Aufmerksamkeit auf den Atem in der Mitte des Brustraums zu lenken und damit zu verweilen – dies ist der Bereich des Körpers, in dem unser emotionales Leben seinen Ort hat. Wir atmen nicht absichtlich in die Mitte des Brustraums, aber wenn wir beim Einatmen die Empfindungen des Atems spüren, bringen wir unsere Aufmerksamkeit in die Mitte des Brustraums – in den Herzbereich –, *so als ob* wir dort hineinatmen würden.

Viele spirituelle Traditionen nutzen das Herzzentrum, so wie die Kampfkünste den Bereich unter dem Bauchnabel nutzen, um Stärke zu entwickeln. Aber mit dem Atmen in die Mitte des Brustraums wollen wir keine Stärke entwickeln – unsere Absicht ist, Gewahrsein, Offenheit und Empfänglichkeit zu fördern. Vielleicht sind wir zunächst skeptisch in Bezug auf die Wirksamkeit dieser Methode. Aber wenn wir lernen, dem Atem in den Herzbereich zu folgen, werden wir erfahren, dass dies ein sehr effektives Mittel ist, um uns zu helfen, uns unseren Emotionen zuzuwenden. Schließlich werden wir auch eine Transformation unserer Emotionen erfahren können, von etwas Festem und Dunklem zu etwas Durchlässigerem und Leichterem.

Wir werden gleich auf diese Methode des Atmens in die Mitte des Brustraums zurückkommen, aber wir sollten zunächst bedenken, das, was wir üben, auch gut zu tun. Wie viel Prozent des Tages verbringen wir beispielsweise mit den Emotionen, die uns unglücklich machen, obwohl wir glauben, dass wir glücklich sein wollen? Wenn wir ehrlich sind, werden wir sehen, dass wir richtig gut darin geworden sind, uns mit unseren Emotionen zu beschäftigen. Stattdessen müssen wir mit einer anderen Praxis beginnen:

dem Erkennen, wo und wie wir gefangen sind. Und dann besteht unsere Praxis darin, nicht länger an den Glaubenssätzen festzuhalten, die diese Emotionen nähren.

Aber erinnern Sie sich dabei auch mit Sanftheit und Mitgefühl daran, dass das nicht einfach ist und dass sich emotionale Schwierigkeiten oft so zeigen, als wären sie überwältigend oder unüberwindlich. Es kann Zeiten geben, in denen wir uns diesen Schwierigkeiten nur in vorsichtig öffnen können. Aber jeder Moment, in dem wir das tun, zahlt sich aus. Jede Anstrengung, die wir unternehmen – je mehr wir also praktizieren –, erleichtert diesen Prozess.

Wenn Sie nun einen der Gedanken, an die Sie glauben, identifizieren können, dann verweilen Sie im Gewahrsein des Körpers. Dabei kann es hilfreich sein, wenn Sie ein oder zwei Mal in die Mitte des Brustraums atmen. Allein das kann Ihnen schon den Geschmack eines neuen Lebens vermitteln. Wenn es für Sie schwierig ist, in dieser Weise zu atmen, dann empfehle ich Ihnen die folgende Atemübung.

Atmen in die Mitte des Brustraums

Setzen Sie sich auf ein Meditationskissen oder einen Stuhl, und machen Sie einige tiefe Atemzüge, um Ihr Gewahrsein in den Körper zu bringen.

Legen Sie drei Fingerspitzen auf die Mitte des Brustraums, genau zwischen den Brüsten.

Drücken Sie leicht und spüren Sie die Sensibilität, die dort anwesend ist.

Sie werden zumindest die Berührung der Finger auf dem Brustbein spüren.

Werden Sie sich des Atems bewusst, und wenn Sie einatmen, spüren Sie die Empfindungen, die sich dort zeigen, wo Ihre Finger auf der Brust ruhen.

Stellen Sie sich vor, dass Sie so atmen, *als ob* der Atem durch die Mitte des Brustraums in den Körper einströmen würde, fast so, als gäbe es einen Kanal direkt in den Herzbereich.

Machen Sie diese Übung ein oder zwei Minuten, und kommen Sie im Laufe des Tages immer wieder dahin zurück, bis es sich normal anfühlt, „in die Mitte des Brustraums zu atmen".

Schließlich wird es sich sehr erfrischend und belebend anfühlen, so als würde eine Brise direkt durch Sie hindurchwehen.

4 Konditioniertes Verhalten

Wahres Glück ist nicht das Gleiche wie die Abwesenheit von Unglück. Das ist ein wichtiger Unterschied. Wir können durchs Leben gleiten, mit guter Gesundheit, einem angenehmen Job und erfüllenden Beziehungen, und noch nicht einmal annähernd die Tiefe der Gelassenheit und Wertschätzung erfahren, die uns potentiell möglich ist. Wenn wir in der Bequemlichkeit unserer Routinen gefangen sind und unser Leben im Autopilot-Modus leben, dann tun wir genau das, was mit dem Schlittern auf dünnem Eis verglichen wird – obwohl wir vielleicht davon verschont bleiben, uns ausgesprochen unglücklich zu fühlen. Wir sehen nicht, was wirklich vor sich geht; es braucht nur einen kleinen Riss im Eis – eine ernsthafte Gefährdung unserer Gesundheit, ein verlorener Job, eine fehlgeschlagene Beziehung oder sogar etwas Geringes, wie kritisiert oder auf der Autobahn überholt zu werden –, um sichtbar werden zu lassen, wie zerbrechlich unser persönliches Glück wirklich ist. Dann können wir erkennen, dass es nur ein falsches Gefühl der Stabilität ist, das auf günstigen, aber vorübergehenden äußeren Umständen beruht.

Selbst wenn die Dinge an der Oberfläche in Ordnung zu sein scheinen, gibt es trotzdem einen tiefen Brunnen verborgener

Unzufriedenheit, wenn wir unserem gewöhnlichen Verhalten folgen. Es wurden beispielsweise Menschen in einigen Ländern untersucht und man stellte fest, dass sie im Ganzen betrachtet glücklich sind, aber gleichzeitig haben diese Länder eine hohe Selbstmordrate. Es ist also möglich, zu glauben, wir seien glücklich und wüssten, was uns glücklich macht, und dass wir uns auch in einer Weise verhalten, die dem entspricht. Aber in Wahrheit wissen wir es *nicht* und folgen wahrscheinlich einem Verhalten, das uns das Gegenteil von Glück bringen wird.

Beispielsweise glauben wir vielleicht, dass es uns Stabilität und Glück bringen wird, wenn wir die Kontrolle behalten oder dass es uns glücklich machen wird, wenn wir gemocht werden oder finanziell erfolgreich sind. Aber wenn wir solchen Strategien folgen, bewegen wir uns auf dünnem Eis, wir gleiten entlang und glauben, dass der vorübergehende Geschmack persönlichen Glücks nicht enden wird. Früher oder später wird aber das ängstliche Zittern tief in unserem Wesen an die Oberfläche kommen und wir spüren die Leere unserer Vorhaben oder das bohrende Gefühl, dass etwas fehlt. Dann erkennen wir vielleicht, dass etwas grundsätzlich falsch läuft. Aber bis wir genau erkennen, wie unsere gegenwärtige Form des Lebens uns von der tieferen Erfahrung des Glücks trennt, werden wir nicht motiviert sein, anders zu leben.

Wie wir im vorhergehenden Kapitel ausgeführt haben, ist die wirkliche Frage, die wir uns stellen müssen, folgende: Warum folgen wir weiter Verhaltensweisen, die uns kein echtes Glück bringen? Die Antwort ergibt sich aus der grundlegenden Voraussetzung des Menschseins: Wir werden mit dem innewohnenden Verlangen nach Sicherheit, Schutz und Kontrolle geboren – das ist ein integraler Teil unserer Überlebensmechanismen. Wir werden auch mit einer Abneigung gegen unangenehme Erfahrungen und einem natürlichen Verlangen nach angenehmen Erfahrungen und Freude geboren. Bei diesen grundlegenden Veranlagungen des Menschseins ist es verständlich, dass unsere erlernten Verhaltensstrategien so gestaltet sind, dass sie sicherstellen, dass unser Verlangen und unsere Begierden erfüllt werden.

Oberflächlich betrachtet ist es nichts Falsches, wenn wir versuchen, sicher zu sein und angenehme Erfahrungen zu machen. Das Problem beginnt dann, wenn unser Überlebensmodus bestimmend und zu unserer Hauptmotivation wird. Wenn das geschieht, werden unsere anderen natürlichen Bedürfnisse – Neugier, Wertschätzung und ein Leben aus unserem wahren offenherzigen Wesen – verdrängt, und dadurch wird unser Leben enger und immer weniger erfüllend. Paradoxerweise glauben wir weiterhin, dass unsere Kontrollstrategien, die auf dem Drang, zu überleben, beruhen, uns glücklich machen werden. Deshalb strengen wir uns noch mehr an, um Anerkennung zu bekommen; aber genau diese Verhaltensweisen bringen uns oft die tiefste Unzufriedenheit.

Noch mehr Anstrengung

An der Oberfläche scheint die Kontrollstrategie der ständig größer werdenden Anstrengung, um Sicherheit und Erfolg zu erreichen, sinnvoll zu sein. Schließlich wird es uns helfen, bessere Ergebnisse zu erzielen, wenn wir uns mehr anstrengen – wir können einen guten Schulabschluss erreichen, mehr Geld verdienen und schwierige Ziele erreichen. Und diese Ergebnisse können uns in der Tat ein gewisses Maß von persönlichem Glück bringen. Wir fühlen uns vielleicht materiell sicherer und auch in gewisser Weise erfüllter. Aber das ist nur ein Teil des ganzen Bildes. Äußere Umstände können sich schnell und manchmal dramatisch verändern, wie bei einer wirtschaftlichen Rezession oder beim Eintreten einer behindernden Krankheit. So sehr wir uns auch anstrengen, manchmal können unsere Bemühungen unser gutes persönliches Schicksal nicht aufrechterhalten.

Aber selbst wenn die äußeren Umstände stabil sind, müssen wir einen Preis dafür zahlen, dass wir uns auf die Kontrollstrategie der ständig größeren Anstrengung verlassen, um Glück zu erfahren. Denn neben dem natürlichen Verlangen nach Sicherheit wurzelt der Drang, anderen voraus zu sein, in dem angstbetonten Bedürfnis, uns selbst zu beweisen. Wir glauben, wenn wir besser sind als andere, können wir damit unseren Wert beweisen. Unsere Produktivität wird dann zu einem Mittel, um unsere grundsätzlichste Angst zu vermeiden – die Angst, wertlos zu sein. Wir sind uns dieses quälenden inneren Zwanges, unseren Wert zu beweisen, oft gar nicht bewusst, weil er gut unter Vermeidungsstrategien verborgen sein kann: Wir machen uns beispielsweise unersetzlich oder sind ständig beschäftigt. Aber wie können wir erwarten, echtes Glück zu erfahren, solange uns diese Angst motiviert?

Während meiner Jugend und bis ins mittlere Erwachsenenalter war ich von dem Bedürfnis bewegt, dass ich mit anderen mithalte, um meinen Wert zu beweisen. Und in gewisser Weise half mir die Strategie der ständigen größeren Anstrengung sehr, weil ich dadurch erfolgreich wurde. Aber dabei entging mir die Tatsache, dass dieses kleine Maß an Glück, das mir meine Versuche, andere zu überbieten, brachte, einen hohen Preis hatte: Ich wurde von der Angst kontrolliert, die dieser Anstrengung zugrunde lag. Wenn wir diese Angst nicht erkennen und ihr nicht begegnen, wird uns die vergiftende Angst vor unserer eigenen Wertlosigkeit weiterhin antreiben, egal, wie viel Erfolg wir haben.

An einem bestimmten Punkt in meinem Leben hatte ich das Glück, zu sehen, wie diese Angst mich dazu antrieb, mich ständig anzustrengen und noch mehr Kraft einzusetzen, und schließlich konnte ich aus der Tretmühle aussteigen. Für andere Menschen ist diese Angst oft unerkannt und so stark, dass sie ihr ganzes Leben hindurch davon angetrieben werden. Die entscheidende Einsicht ist also: Es ist sehr leicht, sich vom Erfolg seiner Anstrengung verführen zu lassen und dies mit Glück gleichzusetzen. Aber es ist traurig, dass wir so leicht getäuscht werden können und dies als Glück bezeichnen, während gleichzeitig die Ängste, die uns bedrängen, unsere Welt verengen und die Qualität unseres Lebens verringern.

Nach Anerkennung suchen

Sich immer mehr anstrengen ist eine sehr weit verbreitete Strategie, die wir in der Hoffnung nutzen, dass sie uns glücklich machen wird. Eine andere Strategie besteht darin, Glück dadurch zu suchen, dass wir Anerkennung, Wertschätzung oder Bewunderung erhalten. Wie bei der größeren Anstrengung, die ursprünglich auf einem Überlebensinstinkt basiert, wurzelt die Strategie der Suche nach Anerkennung in dem Überlebensmodus, sich in die Herde einzuordnen. Es ist nichts Falsches daran, Teil einer Gruppe zu sein; aber von jungen Jahren an missbrauchen wir diese Strategie, um unseren inneren Schmerz zu vermeiden. Wenn wir beispielsweise glauben, dass wir minderwertig oder ein Niemand sind, dann suchen wir Anerkennung bei anderen, um das Fühlen unseres Schmerzes zu vermeiden.

Vor Kurzem sah ich eine Fernsehwerbung, in der ein Mann, der eine Glatze bekam, den Wert chirurgischer Implantate pries, die seine Haare wieder zum Wachsen bringen sollten. „Das Wichtigste im Leben ist, Spaß zu haben und sich gut zu fühlen. Und zu neunzig Prozent trägt gutes *Aussehen* dazu bei, sich gut zu fühlen", sagte er. Das hört sich fast wie ein Witz an, aber er meinte es nicht nur ernst, sondern die traurige Tatsache ist, dass ein großer Teil unseres Verhaltens auf der gleichen Annahme beruht – dass uns gutes Aussehen die Anerkennung bringen wird, nach der wir uns sehnen, und dass uns das wiederum glücklich machen wird.

Wie die immer stärkere Anstrengung kann uns auch die Suche nach Anerkennung eine gewisse Zeit des persönlichen Glücks bringen – immerhin fühlt es sich gut an, wenn andere uns mögen und wertschätzen. Aber die Suche nach Anerkennung, als Mittel, um innere Ängste und Schmerzen zu vermeiden, ist endlos und blockiert letztendlich die Möglichkeit einer echten Gelassenheit. Solange wir mit unserem kleinen persönlichen Glück zufrieden sind, sei es durch gelegentliche Erfolge, Anerkennung oder einen anderen äußeren Faktor, öffnen wir uns wahrscheinlich nicht der Erforschung unserer menschlichen Fähigkeit für ein grundlegenderes Glücklichsein.

Es ist nicht immer leicht, wenn wir unsere Augen für das öffnen, was wir tun. Unsere Verhaltensgewohnheiten, wie größere Anstrengung und die Suche nach Anerkennung, können so tief konditioniert sein, dass wie wir sie kaum sehen. Selbst wenn unser Verhalten uns nicht glücklich macht, merken wir es oft nicht, weil wir so sehr daran glauben, dass es uns irgendwann glücklich machen wird! Eine sehr effektive Methode, um unsere gewohnte Blindheit zu durchbrechen, besteht darin, die folgenden zwei Fragen zu stellen: „Bin ich jetzt wirklich glücklich?“, und „Was blockiert mein Glücklichsein?“ Es dauert nur einige Momente, über diese Fragen zu reflektieren, aber wenn Sie es mehrmals am Tag tun, werden Sie im Laufe der Zeit langsam immer genauer all die Verhaltensweisen beobachten, die ein wahres Glücklichsein unmittelbar blockieren.

Abhängigkeiten

Verstärkte Anstrengung und die Suche nach Anerkennung sind zwei der am weitesten verbreiteten konditionierten Verhaltensweisen, die dem Versuch dienen, Glück zu erfahren. Fast genauso verbreitet sind unsere vielen abhängigen Verhaltensweisen, unsere Abhängigkeit von Vergnügen und Ablenkungen. Vergnügen und Ablenkungen sind an sich kein Problem und sie können sicher die Quelle guter Gefühle sein. Aber wenn wir abhängigen Verhaltensweisen folgen – sei es in Bezug auf Essen, Alkohol, Sex oder Sport –, werden wir von dem Zwang getrieben, immer wieder zu dem, wovon wir abhängig sind, zurückzukehren. Und das geschieht aus dem Versprechen heraus, dass es uns gute Gefühle bringen wird. Aber letztendlich bringen uns Abhängigkeiten nur Unzufriedenheit und Unglück. Warum? Weil wir sie nutzen, um unser inneres Unbehagen zu überdecken und die Erleichterung, die wir aus der Befriedigung unseres abhängigen Verlangens bekommen, ist immer nur vorübergehend. Wir fühlen uns vielleicht eine Zeit lang gut, aber weil wir uns nicht dem Loch der Bedürftigkeit im Innern zuwenden, spüren wir den Drang, es immer wieder mit Vergnügen oder Gier oder Ablenkungen zu überdecken.

Dieses abhängige Verhalten deutet auf die Essenz der menschlichen Tendenz hin, das Glücklichsein misszuverstehen. Wir folgen diesen verlockenden Verhaltensweisen, weil sie uns Glück zu verheißen scheinen. Und bis zu einem gewissen Grad erfüllen sie ihr Versprechen, weil wir uns glücklich fühlen, wenn wir sinnliches Vergnügen erfahren oder die Endorphine wirken. Aber die Erfüllung dieser Verheißung ist immer vorübergehend und basiert immer auf einer zeitweise günstigen äußeren Umgebung. Solange sich die Umgebung nicht gegen uns wendet, denken wir, dass unser Leben in Ordnung ist, und wir tun nichts, um die Situation zu verändern. Und wir wenden uns auch nicht dem grundlegenden Unbehagen zu, aus dem das abhängige Verhalten entsteht: Warum sollte man den Staus quo durcheinanderbringen, wenn alles in Ordnung zu sein scheint? Und so bleiben wir in der Tretmühle unseres persönlichen Glücks/Unglücks. Wenn wir uns nicht so gut fühlen, dann finden wir irgendetwas, um uns wieder gut zu fühlen, und denken, wir seien wieder glücklich. Der Kreislauf geht immer weiter; und währenddessen rückt das wahre Glück in immer weitere Ferne.

Ein anderes weitverbreitetes konditioniertes Verhalten der Abhängigkeit besteht darin, unser Selbstbild aufrechtzuerhalten. Wir tun alles, was nötig ist, um möglichst gut auszusehen. Das ist eine weitere Form der Suche nach Anerkennung, aber dieses

Mal mit einem besonderen Geschmack. Wir haben alle ein Selbstbild – die Art und Weise, wie wir uns selbst sehen und uns darstellen –, und wir hängen alle dem subtilen Glauben an, dass uns dieses Selbstbild oder diese Identität glücklich machen wird. Ein Geschäftsführer könnte beispielsweise ein bestimmtes Selbstbild haben, das dadurch verstärkt wird, wie er sich kleidet, spricht und sogar wie er läuft. Eine Sportlerin könnte ein vollkommen anderes Selbstbild haben, das vielleicht auf der äußeren Erscheinung und der körperlichen Leistungsfähigkeit basiert. Selbst spirituell Praktizierende können ein bestimmtes Selbstbild haben, an dem sie hängen. Egal, welches Selbstbild es ist, die ständige Anstrengung, die nötig ist, um es zu erfüllen und aufrechtzuerhalten, entzieht uns nicht nur unsere Energie, sondern ist auch die Ursache für viele unserer Ängste – Ängste in Bezug darauf, dass wir unseren Idealen und unseren Vorstellungen, wie wir sein sollten, nicht entsprechen und ihnen nicht gerecht werden. Ohne unser Selbstbild fühlen wir uns bloßgestellt, sowohl gegenüber uns selbst als auch gegenüber anderen. Wir denken, wenn die Wahrheit über uns ans Licht kommt, würden wir als wertlos und in irgendeiner Weise nicht gut genug gesehen werden.

Es gibt wahrscheinlich kein besseres Beispiel, um zu zeigen, dass wir unser Glück auf einem Fundament aus Sand aufbauen, als die Art und Weise, wie wir an unseren Selbstbildern festhalten. Wir können an der Identität anhaften, sehr fleißig und beschäftigt zu sein – oder welches Selbstbild uns auch immer Trost geben mag. Aber was geschieht, wenn wir unsere Arbeit verlieren und uns nicht mehr produktiv fühlen? Oder wenn wir Schmerzen im Knie bekommen und keinen Sport mehr treiben können, oder wenn uns unser Partner oder unsere Partnerin verlässt und wir uns allein und getrennt fühlen?

Wie bei allen konditionierten Verhaltensweisen müssen wir zunächst klar erkennen, an welchen Identitäten wir am stärksten festhalten. Das Problem ist, dass wir uns oft in unseren Identitäten verfangen, ohne genau zu wissen, was sie sind. Ich habe vor Kurzem einen Witz über einen Cowboy gehört, der auf einer Parkbank sitzt. Eine Frau kommt vorbei und setzt sich neben ihn. Sie schaut auf seinen Hut, seine Schuhe, und fragt: „Sind Sie ein echter Cowboy?“ Er antwortet: „Naja, ich habe mein ganzes Leben lang auf der Ranch gearbeitet und mich um Kühe und Pferde gekümmert. Also ja, ich denke, ich bin ein echter Cowboy.“ Sie denkt einen Moment nach und sagt dann: „Ich bin Lesbierin. Ich denke an Frauen, wenn ich aufwache und ich denke den ganzen Tag an Frauen. Und ich denke auch beim Schlafengehen an Frauen.“ Sie reden noch ein bisschen weiter und dann steht die Frau auf und geht. Nach einer Weile kommt ein Mann vorbei und setzt sich neben ihn, betrachtet ihn und fragt: „Sind Sie wirklich ein Cowboy?“ Er antwortet: „Naja, ich dachte immer, ich wäre einer, aber nun denke ich, dass ich eine Lesbierin bin.“

Wir können sehr stark an dem Selbstbild anhaften, mit dem wir uns am stärksten verbunden fühlen; in der Tat werden all unsere konditionierten Verhaltensweisen von unseren Anhaftungen und Abneigungen angetrieben. Eine Anhaftung ist das Gefühl, an jemanden oder etwas emotional gebunden zu sein. Dazu gehört auch der *Glaube,* dass wir ohne jemanden oder etwas nicht glücklich sein können. Wir können an Erfolg, Sicherheit, Kontrolle oder Anerkennung und auch an unserem Selbstbild anhaften.

Abneigung ist die negative Seite der Anhaftung; wir können eine Abneigung gegenüber Versagen, Verlust, Instabilität oder unangenehmen Erfahrungen haben. Und normalerweise denken wir, dass wir ganz sicher unglücklich sein werden, wenn die Dinge, denen gegenüber wir eine Abneigung spüren, geschehen werden. Es kann nicht genug betont werden, dass wir, um wahres Glück zu erfahren, zunächst erkennen müssen, was es blockiert. Dazu gehört das Sehen unserer Anhaftungen, der Dinge, von denen wir glauben, dass sie uns Glück bringen werden, die aber stattdessen genau das Gegenteil tun.

Wir werden weiterhin den konditionierten Verhaltensstrategien folgen, die uns, so hoffen wir, Glück bringen werden, solange sie funktionieren. Und weil sie uns manchmal tatsächlich ein gewisses Maß an persönlichem Glück bringen, können diese Verhaltensweisen lange Zeit aufrechterhalten werden. So können Menschen in der Tretmühe ihrer Anhaftungen und Routinen ein Leben lang gefangen sein, ohne sich um eine Veränderung zu bemühen. Paradoxerweise ist es sogar ein Glücksfall, wenn uns das Leben manchmal eine starke Dosis Enttäuschung bringt, weil es uns dazu zwingt, zu hinterfragen, ob uns unsere Anhaftungen und Strategien wirklich nützen. Wenn wir wirklich sehen, dass das, was wir getan haben, uns nicht wirklich hilft, wahres Glück zu erfahren, könnten wir ausreichend motiviert sein, um einen nächsten Schritt zu tun.

Als ich in meinen späten Vierzigern war, erkrankte ich an einer Krankheit des Immunsystems, die mich drei Jahre lang für viele Monate am Stück sehr behinderte. Ich verlor nicht nur meine körperliche Vitalität, an der ich sehr anhaftete, sondern ich fühlte mich auch sehr vernachlässigt – ich konnte nicht mehr arbeiten und konnte nicht mehr in meiner Zen-Gemeinschaft aktiv sein. Ich verlor meine Identität als Zen-Schüler, weil ich nicht mit gekreuzten Beinen sitzen und mich auch nicht konzentrieren konnte. Die Aktivitäten, die ich mit meiner Frau und unseren Kindern unternehmen konnte, waren sehr begrenzt, und so wurden auch meine Identitäten als Ehemann und Vater bedroht. Ein Gefühl der Bodenlosigkeit wurde zu einer alles durchdringenden Wirklichkeit.

Obwohl ich zwanzig Jahre lang meditiert hatte, warf mich der Schock der körperlichen Behinderung sprichwörtlich aus der Bahn. In den ersten Wochen wusste ich nicht, was ich machen sollte. Aber weil der Schock so durchdringend war, zwang er mich schließlich dazu, neu zu bewerten, was ich mit meinem Leben anfing. Ich betrachtete beispielsweise einige Verhaltensweisen anders, die ich ohne zu hinterfragen als wertvoll angesehen hatte, wie die Strategie der stärkeren Anstrengung. Ich begann auch, meine Meditationspraxis zu hinterfragen, die tief in der Haltung des „Tu es einfach“ verwurzelt war. Nach und nach veränderte sich mein Verhältnis zur Meditation zu einer viel sanfteren Haltung des „Lass es geschehen“. Diese und viele andere Veränderungen kamen unmittelbar aus dem Schock, der sich in meiner kleinen geschützten Welt ereignete. Obwohl es am Anfang eine schreckliche Nachricht war, erkannte ich schließlich, dass dieser Anstoß, mein Leben vollkommen neu zu bewerten, wahrscheinlich der wichtigste Katalysator war, um die Wurzeln echten Glücks zu entdecken. Wenn ich nicht in dieser Weise herausgefordert worden wäre, hätte ich mich vielleicht nie über die Bequemlichkeit des Bekannten hinausbegeben.

Wir müssen untersuchen, wo und wie wir uns selbst im Wege stehen, und wir müssen all die Strategien erkennen, durch die wir unser grundlegendes Glück blockieren. Wir können damit beginnen, dass wir unsere Anspruchshaltung sehen, die besagt, dass das Leben so verlaufen sollte, wie wir es wollen. Vor allem das Anspruchsdenken, dass wir immer gesund sein sollten, dass es uns immer gut gehen sollte und uns das Leben Zufriedenheit geben sollte. Wir können auch den denkenden Geist beobachten: mit all seinen Klagen über die Vergangenheit und den Sorgen um die Zukunft, mit all seinen Schuldzuweisungen und den urteilenden Gedanken, einschließlich derjenigen, die wir auf uns selbst richten.

Wir müssen nicht versuchen, diese Gedanken und unsere Anspruchshaltung zu stoppen – zunächst einmal ist es genug, wenn wir ziemlich genau wissen, was sie sind. Das Gleiche trifft auf unsere emotionalen Reaktionen zu; wir müssen beobachten, wo wir uns in unseren Emotionen verfangen. Und wir müssen in uns erfahren, wie diese Emotionen uns von uns selbst und anderen trennen und dadurch jede Möglichkeit für echtes Glück blockieren. Und schließlich müssen wir all unsere konditionierten Verhaltensweisen betrachten – unsere Kontrollstrategien und unsere Suchttendenzen, einschließlich unserer Anhaftungen an unsere liebsten Selbstbilder. Wir haben ein ganzes Leben damit verbracht, zu glauben, dass uns diese Dinge Glück bringen werden, aber wenn wir tiefer schauen, erkennen wir, dass genau das Gegenteil der Fall war. Aber bis wir das klar erkennen – bis wir die vielen Dinge gesehen haben, mit denen wir uns selbst im Weg stehen –, werden wir nicht motiviert sein, über unser kleines persönliches Glück hinauszugehen, um die Wurzeln wahrer Zufriedenheit zu kultivieren.

TEIL 2

Die Wurzeln des Unglücklichseins

Sich dem, was ist, hingeben

5 Präsentsein

Bis jetzt lag die Betonung dieses Buches vorwiegend auf den Haltungen, die wahres Glück blockieren – besonders unsere Anspruchshaltung, unsere Erwartungen, die Gedanken, an die wir glauben, unsere Urteile, unsere auf Angst basierenden Emotionen, unsere Anhaftungen und Abhängigkeiten. Das sind genau die Dinge, die uns daran hindern, den tieferen und andauernden Zustand der Gelassenheit zu erfahren. Das könnte sich für ein Buch über Glück ziemlich düster anhören; es könnte zudem schwer sein, zu akzeptieren, dass nur wenige der Dinge, die wir tun, um Glück zu erfahren, wirklich funktionieren. Aber wenn wir uns selbst ehrlich beobachten, werden wir sehen, dass das wahr ist. All die Dinge, denen wir in dem irregeleiteten Glauben nachlaufen, dass sie uns glücklich machen werden, geben uns bestenfalls eine kurze Zeit des Vergnügens. Äußerlichkeiten können uns nicht wirklich glücklich machen. Wahres Glück ist unser natürlicher Zustand, wenn all die Dinge, die unser Glück verhindern – wie unsere Erwartungen, Urteile, Anhaftungen und Ängste –, uns nicht mehr im Weg stehen.

Zudem gibt es bestimmte Wurzeln des wahren Glücks, die direkt kultiviert werden können. Zu diesen Wurzeln zählen die innewohnende menschliche Fähigkeit, präsent zu sein, und Qualitäten wie Großzügigkeit des Geistes, Dankbarkeit, liebende Güte und Vergebung. Wenn diese Fähigkeiten genährt werden, verbinden wir uns immer mehr mit unserer wahren Natur, und Glück ist ein natürliches Nebenprodukt davon. Unser Ansatz muss in zwei Richtungen gehen: Wir arbeiten mit dem, was dem Glück im Weg steht, und wir kultivieren die natürlichen Wurzeln des Glücks.

Präsentsein ist eine der wichtigsten Wurzeln wahrer Zufriedenheit. In fast jeder spirituellen Tradition wird der gegenwärtige Moment betont; es wird ausführlich darüber gesprochen und geschrieben, und Aussagen wie „Lebe im Moment“ oder „Sei im Hier und Jetzt“ sind Teil unserer Alltagssprache geworden. Aber warum wollen wir unser Leben im gegenwärtigen Moment erfahren? In welchem Verhältnis steht das Präsentsein für das Leben-wie-es-ist zur Erfahrung wahren Glücks, besonders wenn uns das, was geschieht, nicht so gefällt? Eine klare Antwort auf diese Frage ist diese: Präsentsein ermöglicht es uns, uns von der engen, selbstbezogenen Welt des Ich-als-ein-Ich zu einem offenen und zunehmend wachen Empfinden unseres wahren Seins zu bewegen. Wenn wir unsere Aufmerksamkeit auf das richten, was im gegenwärtigen Moment erscheint – was wir vortäuschen, wie wir uns schützen, unsere stärksten Glaubenssätze, unsere Ängste –, beginnen wir langsam, die scheinbare Solidität dieser selbst geschaffenen Grenzen zu durchschauen. Dies sind Grenzen, die uns daran hindern, das, was in diesem Moment real ist, zu sehen und daraus zu leben.

Wenn wir unser Gewahrsein auf die vielen Ebenen von Konditionierung und die Konflikte, die daraus entstehen, richten, verringert sich langsam die Macht dieser Konditionierung. So können wir beginnen, nicht mehr so stark aus dem Ich heraus zu erfahren und zu leben, sondern vielmehr aus unserem natürlichen Sein. Wenn wir uns mehr und mehr mit einem umfassenderen Empfinden des Lebens verbinden, dann erleben wir vielleicht sogar Momente, in denen wir uns sehr intensiv der Tatsache bewusst werden, dass wir sowohl diese umfassende Weite *sind* als auch eine einzigartige Ausdrucksform davon. Hier werden Begriffe wie *Verbundenheit* und *Liebe* zu mehr als nur Wörtern und hier zeigt sich ganz natürlich ein echtes Glück. Wenn wir wirklich präsent sind, können wir die Kostbarkeit des Augenblicks wertschätzen, selbst dann, wenn der Moment nicht besonders kostbar zu sein scheint. Denn zumindest zeitweise tragen wir nicht mehr die Last unserer Glaubenssätze. Und daraus folgen eine Leichtigkeit des Seins und ein Gefühl innerer Freiheit.

Selbst wenn wir intellektuell den Wert des Präsentseins wertschätzen, stellt sich immer noch die Frage: Was bedeutet es genau, den gegenwärtigen Moment zu erfahren? Es ist schwierig, diese Frage zu beantworten – Wörter können die Beschaffenheit des Präsentseins nicht wiedergeben, weil die Erfahrung nicht verbal oder mental ist. Eine andere Schwierigkeit besteht darin, dass das Präsentsein nicht nur eine Eigenschaft ist – es verändert sich von Moment zu Moment. Statt zu versuchen, es als eine feste Entität zu beschreiben, muss es vielmehr als ein Kontinuum gesehen und verstanden werden.

Was ist dieser Moment?

Eine Möglichkeit, um in das Kontinuum des gegenwärtigen Augenblicks einzutreten, besteht darin, sich selbst immer wieder folgende Frage zu stellen: „Was ist dieser Moment?" Das ist eine klassische Zen-Frage, weil sie nicht mit dem Intellekt oder durch Tatsachen beantwortet werden kann. Mit anderen Worten, der einzige Weg, um sie zu beantworten, besteht darin, unsere gewohnte Tendenz, alles mit dem Denken verstehen zu wollen, zu umgehen. Wie können wir aber antworten, ohne den Geist in der gewohnten Weise zu nutzen? Das ist uns möglich, wenn wir unser Gewahrsein auf die körperliche Wirklichkeit unserer Erfahrung richten.

Versuchen Sie jetzt, diese Praxis zu üben. Fragen Sie sich: „Was ist dieser Moment?“ Um die Frage zu beantworten, bringen Sie zunächst Ihr Gewahrsein auf einen sehr eng begrenzten Bereich des gegenwärtigen Moments, nämlich die Erfahrung des Atems. Machen Sie einige tiefe Atemzüge und konzentrieren Sie sich insbesondere auf den Bereich in der Mitte des Brustraums – fühlen Sie die Feinheiten und die sich verändernden Empfindungen jeder Einatmung und Ausatmung. Wenn Gedanken aufsteigen, beschäftigen Sie sich nicht damit. Bleiben Sie stattdessen bei der konzentrierten Erfahrung des Atmens in die Mitte des Brustraums und wiederholen Sie von Zeit zu Zeit still die Frage: „Was ist dieser Moment?“

Die konzentrierte Erfahrung des Atems ist eine Antwort auf diese Frage, aber es ist nur ein eng begrenzter Bereich der Wirklichkeit des gegenwärtigen Moments. Es ist ein guter Anfang, wenn wir für einen kleinen Teil unserer Erfahrung achtsam sind, aber es schließt trotzdem einen großen Bereich des Lebens aus. Stellen Sie die Frage erneut und erweitern Sie Ihr Gewahrsein so, dass es die ganze Umgebung mit einschließt. Während Sie immer noch den Atem in der Mitte des Brustraums spüren, lassen Sie das Gewahrsein sich so erweitern, dass es den Raum, die Luft und die Geräusche um Sie herum einschließt.

Sie werden vielleicht erstaunt sein, wie viel nun in ihr Gewahrsein kommt, das Sie vorher gar nicht bemerkt haben. Bleiben Sie bei der körperlichen Erfahrung dessen, was sich zeigt – *spüren* Sie wirklich die Luft und *hören* Sie wirklich die Geräusche. Wenn Gedanken aufsteigen, können Sie darauf achten, aber beschäftigen Sie sich nicht aktiv mit ihnen. Richten Sie stattdessen Ihre Aufmerksamkeit auf die körperliche Natur der Gedanken. Wenn Sie zum Beispiel über etwas nachdenken, das Sie tun müssen, dann erlauben Sie dem Gedanken einfach, durch Sie hindurchzuziehen, ohne daran festzuhalten oder ihm zu folgen. Bemerken Sie stattdessen *in Ihrem Körper,* was davon spürbar bleibt. Werden durch Ihre Gedanken Emotionen ausgelöst? Wenn das der Fall ist, dann werden Sie sich einfach Ihrer Anwesenheit bewusst. Fragen Sie nicht „*Warum?*“, sondern „*Was?*“ – möglicherweise spüren Sie ein mulmiges Gefühl im Bauch oder einen Knoten im Hals. Ich werde später noch darauf zurückkommen, wie wir mit stärkeren Emotionen arbeiten können, bleiben Sie vorerst einfach bei der rein körperlichen Erfahrung des *gegenwärtigen Moments.*

Erweitern Sie das Feld Ihres Gewahrseins vom engen Fokus auf den Atem, der nur ein kleiner Teil des gegenwärtigen Moments ist, und umfangen Sie nun mit Ihrem Gewahrsein auch Ihre Umgebung. Und dann stellen Sie sich nochmals die Frage: „Was ist dieser Moment?“ Und erweitern Sie dann ein weiteres Mal das Gewahrsein und umfassen Sie jetzt nicht nur den Atem und die Umgebung, sondern auch eine größere oder weitere Erfahrung dessen, was dieser Moment tatsächlich ist – das Ganze oder die körperliche Gestalt der Erfahrung, in einem Raum zu sitzen und im Grunde nichts zu tun. Wie fühlt es sich innerlich an, am Leben zu sein, hier zu sein, in diesem Moment zu existieren?

Wenn wir fragen: „Was ist dieser Moment?“, gibt es immer noch ein Gewahrsein für den Atem und die Umgebung, aber auch für die einfache Erfahrung des Seins. Beobachtend und spürend – mit dem Geist in der körperlichen Wirklichkeit des Hierseins verweilend – ist die Erfahrung *einfach das.* In gewisser Weise können wir sagen, dass „einfach das“ die einzige Antwort auf die Frage „Was ist dieser Moment?“ ist. Das ist keine intellektuelle oder eine auf Tatsachen beruhende Antwort – es ist die nicht-konzeptuelle Erfahrung des gegenwärtigen Augenblicks.

Wie Sie durch diese Übung sehen können, gibt es nicht die eine richtige Antwort darauf, was es heißt, den gegenwärtigen Moment zu erfahren, weil sich die Antwort ständig verändert. Es ist so, als würde der gegenwärtige Moment aus konzentrischen Kreisen bestehen. Der erste Kreis ist sehr klein, nur eine kleine Bandbreite von Wirklichkeit – zum Beispiel die konzentrierte Erfahrung des

Atems in der Mitte des Brustraums. Der folgende Kreis repräsentiert eine größere, weitere Bandbreite der Wirklichkeit – beispielsweise das Gewahrsein für die Umgebung, die weiterhin den inneren Kreis des Gewahrseins des Atmens in die Mitte des Brustraums umfasst. Wenn wir uns in eine immer größere Bandbreite dessen, was ist, öffnen, kommen wir zum äußersten Kreis: dem umfassenden Gewahrsein des Seins. Dieser Kreis ist nicht von den anderen Kreisen, die er umschließt, getrennt, sondern umfasst sie.

Die Integration dieser Kreise des Gewahrseins führt zu einer bestimmten Empfindung der Präsenz und der Lebendigkeit – manchmal ist es die Erfahrung einer intensiven Wachheit, des „Ich Bin Hier". Das ist nicht das kleine „Ich" des Egos; es ist die größere Erfahrung unseres Seins. Wenn wir präsent sind, bedeutet das im Grunde, dass wir nicht mehr im Kopf gefangen sind, in all unseren selbstbezogenen Gedanken, Urteilen und Erwartungen. Wir identifizieren uns nicht länger mit unseren Gedanken oder unseren Gefühlen als das, was wir sind, sondern wir identifizieren uns mit einem größeren Empfinden des Lebens. Ungeachtet dessen, was wir körperlich oder emotional spüren, verstehen wir, dass wir durch diese Gefühle nicht begrenzt oder bestimmt werden. Das ist der Zustand wahrer Erfülltheit.

Vielleicht ist die Erfahrung der Frage „Was ist dieser Moment?" für uns neutral, weil es keinen bestimmten emotionalen Inhalt gibt. Aber oft erscheint folgende Frage: Wie können wir Präsenz und Gelassenheit erfahren, wenn wir von stärkeren emotionalen Erfahrungen bedrängt werden, wie beispielsweise Angst? Wie können wir im gegenwärtigen Moment der Angst verweilen, wenn die Erfahrung so spürbar unangenehm ist? Zugegebenermaßen ist es schwer, das Gewahrsein aufrechtzuerhalten, wenn Angst aufsteigt. Denn wenn wir wirklich die Gegenwart so erfahren wollen, *wie sie ist*, müssen wir auf unsere gewöhnlichen Strategien verzichten: die Kontrolle behalten, die Dinge analysieren, Erstarrung, Ablenkungen suchen oder eine andere Form der Flucht. Der einzige

Sinn dieser Strategien ist es, uns vor unangenehmen Gefühlen zu schützen, die wir nicht fühlen wollen. Aber nur wenn wir diese Schutzmechanismen loslassen und direkt in der körperlichen Erfahrung verweilen, werden wir uns aus der engen Welt des „Ich und meine Angst" befreien können.

Wenn wir uns fragen: „Was ist dieser Moment?", werden wir direkt in die körperliche Erfahrung der Angst selbst geführt. Hier sollten wir uns daran erinnern, dass wir nicht fragen, *worum* es bei dieser Angst geht, denn dann würden wir die Angst analysieren – was das Gegenteil von körperlicher Präsenz ist. Wir stellen uns die Frage, was die Angst wirklich *ist*. Wir beginnen, indem wir uns im Atem verwurzeln, in der Erfahrung des Atems, wie er in die Mitte des Brustraums ein- und ausgeht. Wir bleiben so lange wie nötig bei dieser Erfahrung, um uns in der Erfahrung des Atems im gegenwärtigen Moment zu verwurzeln. Wir können unser Gewahrsein dann erweitern, um bestimmte Körperempfindungen mit einzuschließen, wie eine Enge in der Brust und im Bauch, die Spannung im Mundbereich, das allgemeine Gefühl des Sichverschließens. Wir spüren diese Empfindung in einer sehr konzentrierten Weise. Nach einer Weile umfassen wir dann den weiteren Kreis der Umgebung – die Luft, die Geräusche, das Gefühl der Weite im Raum. Wir können auch die aufsteigenden Gedanken kurz wahrnehmen und benennen.

Nachdem wir das Gewahrsein für den Atem, die Körperempfindungen und die Umgebung gefestigt haben – und das kann eine Weile dauern –, öffnen wir uns in den noch weiteren Kreis unserer eigenen Präsenz. Sicher kann es am Anfang schwierig sein, sich dieser weiteren Erfahrung des gegenwärtigen Moments zu öffnen, insbesondere wenn wir uns inmitten einer starken emotionalen Erfahrung befinden. Aber an diesem Punkt sind wir nicht mehr mit der Angst als das identifiziert, was wir sind; stattdessen erfahren wir einfach die Angst; aber wir sind mit dem Gewahrsein selbst identifiziert.

Ich möchte nicht, dass sich das nun zu kompliziert anhört, aber es sollte sich auch nicht zu leicht anhören. Wenn wir eine unangenehme Empfindung wie Angst spüren, widerspricht es in der Tat unserer Intuition, unser Gewahrsein auf den gegenwärtigen Moment zu konzentrieren, denn wir wollen uns natürlicherweise von jeder Form der unangenehmen Erfahrung abwenden – wir wollen uns ihr nicht zuwenden. Aber wenn wir uns dem gegenwärtigen Moment zuwenden und versuchen, darin zu verweilen, wird es immer einen Widerstand geben. Wir können auch dann Widerstand spüren, wenn der gegenwärtige Moment angenehm ist, denn der kleine Verstand des Egos – der Verstand der Gedanken – möchte nicht zur Seite treten und wird mit ganzer Kraft versuchen, sich zu behaupten. Was ist also das Gegenmittel? Es besteht darin, dass wir wieder und wieder zur körperlichen Wirklichkeit des Moments zurückkehren. Im nächsten Kapitel werden wir uns einige Beispiele anschauen, wie wir das im Einzelnen tun können.

Weitverbreitete Umwege, die uns von der Gegenwart entfernen

Wenn wir die Anstrengung unternehmen, uns in der Gegenwart zu verwurzeln, dann gibt es zweifellos eine Tatsache, die wir entdecken werden – präsent *zu bleiben* ist sehr schwierig. Es ist voraussehbar, dass wir zahlreiche Wege finden werden, um uns vom gegenwärtigen Moment abzulenken. Eine Möglichkeit besteht zum Beispiel darin, dass wir von der körperlichen Erfahrung des gegenwärtigen Moments in das Nachdenken darüber springen, wobei wir den gegenwärtigen Moment mental kommentieren oder analysieren. Deshalb diese starke Betonung der ständigen Rückkehr zu unserer körperlichen Erfahrung, um den Umweg zu vermeiden, bei dem wir uns im denkenden Geist verfangen.

Eine subtilere Version des Widerstands gegen den gegenwärtigen Moment zeigt sich, wenn wir mit dem beobachtenden Geist unsere Muster und Gedanken sehen und objektiv erkennen, dann aber den Weg in den urteilenden Geist nehmen – mit dem wir bewerten und Fehler finden. Wir beobachten vielleicht, dass wir uns in mentalen Ablenkungen verfangen und wir bewegen uns sehr schnell vom einfachen Beobachten zur Selbstverurteilung, weil wir nicht präsent genug sind. Das geschieht oft auf einer so subtilen Ebene, dass wir es gar nicht bemerken; aber mit etwas Übung werden wir besser darin, zu erkennen, wo wir uns verfangen. Und wir lernen, dass das Gegenmittel immer die Rückkehr zur körperlichen Erfahrung des gegenwärtigen Moments ist.

Wenn starke Gefühle anwesend sind und wir versuchen, im gegenwärtigen Moment zu verweilen, besteht einer der klassischen Umwege darin, von der Bereitschaft, die Emotion einfach zu fühlen, zum Versuch überzugehen, sie zu verändern oder „in Ordnung zu bringen". Diese Form des Widerstands ist ziemlich natürlich, weil wir fast alles tun werden, um die unangenehmen Aspekte unserer Emotionen zu vermeiden. Es dauert oft eine gewisse Zeit, um zu sehen, wie schnell wir in den Modus des Reparierens wechseln. Wenn wir diese Tendenz besser kennenlernen, können wir sie leichter loslassen.

Es gibt aber noch eine subtilere Möglichkeit, wie wir den gegenwärtigen Moment vermeiden, und die wir nur schwer erkennen können. Wenn wir eine Emotion wie Wut erfahren, und die Praxisanleitung uns sagt, wir sollten in der körperlichen Empfindung der Wut verweilen und sie gleichzeitig nicht gegenüber anderen zum Ausdruck bringen, können wir diese Praxis des Nicht-Ausdrückens missbrauchen, um Emotionen zu unterdrücken. Aber in der Unterdrückung schieben wir die ungewollten Gefühle aus unserem Gewahrsein. Das Unterdrücken von Emotionen ist niemals gesund; im Falle der Unterdrückung der Wut könnten wir unseren Körper mit der Negativität unserer Wut vergiften. Es ist wichtig, dass wir uns der Tendenz bewusst sind, diesen Umweg einzuschlagen, damit wir aufmerksamer sein können, um den Fehler zu vermeiden, die Emotionen, die wir nicht fühlen wollen, zu unterdrücken.

Eine andere verlockende Möglichkeit, vom gegenwärtigen Moment abzuweichen, besteht darin, das Gewahrsein selbst als Flucht zu benutzen. Wenn der gegenwärtige Moment nicht besonders angenehm ist, kann es insbesondere für Meditationsübende sehr verlockend sein, sich in der weiteren Erfahrung des Atems und der Umgebung zu verlieren. Ganz sicher wird uns das eine zeitweilige Erleichterung geben, aber wenn wir nicht direkt mit den Aspekten arbeiten, die das wahre Glück blockieren, werden wir es nie erfahren können. Wenn der gegenwärtige Moment unangenehm ist, können wir lernen, damit zu verweilen *und* uns gleichzeitig der Weite des größeren Kontextes des Atems und der Umgebung bewusst zu sein. Auf diese Weise verliert das Hindernis seine Macht und gleichzeitig entwickeln wir die grundlegende Eigenschaft des Präsentseins.

Ein weiteres Problem ist, wenn wir vergessen, warum wir eigentlich präsent sein wollten. In der Tat vergessen wir oft und fast voraussagbar unsere ursprüngliche Absicht. Ich kann beispielsweise nicht all die Momente in den ersten Jahren meiner Praxis zählen, als ich mich ängstlich fühlte und sofort den Gedanken hatte: „Ich muss ruhiger werden" – als wäre der Sinn der Übung, ruhig zu sein. Erst nach einigen Jahren der Praxis erkannte ich schließlich auf einer tieferen Ebene, dass es einfach darum geht, präsent zu sein und in dem zu verweilen, was ist, *genau so*, wie es ist – ruhig oder aufgeregt, angenehm oder unangenehm. Ansonsten versuchen wir etwas zu vermeiden, obwohl wir gar nicht wissen, was es ist. Wir können unsere ursprüngliche Absicht auch vergessen, indem wir aus Unachtsamkeit unseren Ego-Geist nähren – den Geist, der immer versucht, irgendwohin zu kommen. Wenn wir uns zum Beispiel mit dem „Ich" in „*Ich* werde präsent sein" identifizieren, dann haben wir zu einem an sich authentischen Wunsch, mit mehr Wachheit zu leben, eine Ebene unnötiger Anstrengung hinzugefügt.

Im Folgenden gebe ich ein weiteres Beispiel dafür, in welch seltsamer Weise unser Denken verzerrt werden kann, wobei wir unsere ursprüngliche Absicht, uns von bestimmten Verhaltensweisen abzuwenden, vollkommen vergessen. Ein frommes religiöses Paar geht zu seinem spirituellen Mentor, um einige Fragen bezüglich der bevorstehenden Hochzeit zu besprechen. Der Mann beginnt das Gespräch und fragt: „Wir würden bei unserer Hochzeitsfeier gern tanzen. Ist das okay?" Der Mentor antwortet leidenschaftlich: „Nein, überhaupt nicht! Das Tanzen wird euch zum Teufel führen."

Die Frau ist etwas verunsichert und fragt: „Aber was ist mit Sex? Ist es okay, wenn wir Sex haben?" „Ja", sagt der Mentor, „die Bibel sagt, seid fruchtbar und mehret euch." Sie antwortet schnell: „Ist es okay, wenn ich oben liege?" „Ja, das ist in Ordnung – ihr könnt trotzdem fruchtbar sein und euch mehren."

Dann fragt der Mann: „Können wir es auch im Stehen tun?" „Ganz sicher nicht", ruft der Mentor. „Warum nicht?", fragt der Mann. „Weil euch das zum Tanzen verleiten könnte!", ruft der Mentor.

Wir lachen vielleicht über unsere allzumenschliche Tendenz, die Dinge zu verzerren und unsere Absicht zu vergessen, und es ist sicher besser, darüber zu lachen, als uns zu verurteilen und uns selbst zu beschimpfen. Aber trotzdem müssen wir auf unsere eigene Version dieser Tendenz achten, damit sie uns nicht vom Kurs abbringt.

Ein anderes Problem entsteht aus unserem Missverständnis einer oftmals wiederholten Aussage: „Lass es einfach los." Wenn wir ein altes destruktives Muster oder eine schwierige Emotion erfahren, geschieht es sehr oft, dass uns jemand den gut gemeinten Ratschlag gibt, es loszulassen. Damit ist gemeint, dass wir es einfach fallen lassen sollen. Denn warum sollten wir weiterhin alten Ballast, der uns verletzt, mit uns tragen? Aber ist es wirklich so einfach? Können wir wirklich einfach etwas loslassen, weil wir sehen, dass es unnötig oder verletzend ist? Wenn das Leben wirklich so einfach wäre, dann hätten wir schon all unsere Hindernisse auf dem Weg zum Glück losgelassen und wir wären schon zutiefst glücklich. Und sicher können wir einige Emotionen oder Muster, die nicht allzu tief eingeprägt sind, manchmal loslassen. Aber bei den schwierigen Dingen ist es nicht wirklich eine Option, sie einfach loszulassen.

Aber es gibt eine andere, realistischere Option: Wir können lernen, unsere schwierigen Erfahrungen einfach sein zu lassen. Das ist gleichbedeutend mit dem Verweilen in unseren Erfahrungen, ohne zu versuchen, sie zu verändern oder sie loszuwerden. Wenn wir in die Mitte des Brustraums atmen, können wir lernen, in dem zu verweilen, was ist. Das ist die Essenz des Seinlassens; es ist die Gelassenheit, die sich zeigt, wenn wir einfach nur sind. Wenn wir wirklich in dem verweilen, was ist, dann müssen wir niemand Besonderes sein und nichts Besonderes tun. Wenn der Atem in den Brustraum ein- und ausströmt und wir das Leben so sein lassen, wie es ist – und nicht mehr irgendetwas loslassen müssen –, dann schmecken wir die Wertschätzung authentischen Glücklichseins.

Das kann besonders herausfordernd sein, wenn man bedenkt, dass die westliche Kultur vor allem das *Tun* wertschätzt, in dem wir aktiv und produktiv sind. Einer Haltung, in der wir einfach nur *sind*, wird wenig Wert beigemessen und sie ist den meisten Menschen ziemlich fremd. Es kann sogar passiv oder faul erscheinen. Aber das Erfahren des gegenwärtigen Moments – *die Hingabe an das, was ist* – ist ein Tor in die Wirklichkeit, in eine weitere Erfahrung dessen, was das Leben ist. Und jeder Moment, in dem wir uns in diesem größeren Kontext erfahren, kultiviert eine der grundlegend wichtigen Wurzeln des wahren Glücks. Wenn wir in dieser Weise präsent sind, können wir die unzähligen Freuden der Existenz erfahren, wie das wunderbare Gefühl einer kühlen Brise an einem warmen Tag oder die Schönheit einer Ameisenstraße, die sich über die Terrasse zieht oder den kostbaren Anblick eines geliebten Menschen, der friedlich schläft.

Wenn wir versuchen, uns dem gegenwärtigen Moment hinzugeben, beginnen wir sicher einen schwierigen Prozess, aber wir können nach und nach lernen, es zu tun. Und je mehr wir üben auch in den weniger intensiven oder gar neutralen Momenten des Lebens präsent zu bleiben, wird es uns um so leichter fallen auch in den intensiveren und schwierigeren Erfahrungen präsent zu bleiben. Die wirkliche Frage, die sich uns stellt, ist folgende: Sind wir bereit, das Bekannte aufzugeben – all die Wege, durch die wir versucht haben, Glück zu finden, die uns aber nur Enttäuschung gebracht haben? Nur wenn wir das entscheidend wichtige Verstehen darüber erlangt haben, was getan werden muss, können wir der grundlegendsten Anleitung der Zen-Praxis folgen: so oft wie möglich präsent zu sein und darin so lange wie möglich zu verweilen.

6 Drei Fragen

Um das wahre Glück der Gelassenheit zu erfahren, müssen wir zwei Dinge tun: Erstens müssen wir erkennen, was das Glück blockiert, und mit diesen Hindernissen arbeiten; und zweitens müssen wir lernen, die natürlichen Wurzeln des Glücks zu kultivieren. Ich habe einen ziemlich einfachen und sehr effektiven Weg gefunden, um diese beiden Aspekte zu verbinden, indem ich mir selbst regelmäßig drei direkte Fragen stelle: Bin ich jetzt wirklich glücklich? Was blockiert mein Glücklichsein? Kann ich mich dem, was ist, hingeben?

Im Allgemeinen betrachte ich mich selbst als relativ glücklich, einschließlich der Perioden, wenn mein Immunsystem sehr stark reagiert und ich Übelkeit und intensive unangenehme Körperempfindungen erfahre, die manchmal für Tage oder Wochen andauern. Ich bin trotzdem meist in guter Laune, vor allem, weil ich mich nicht in einer Anspruchshaltung verfange – die Stimme, die uns sagt, dass das Leben so verlaufen sollte, wie wir es wollen. Und ich erlaube auch nicht, dass die ängstlichen Gedanken, die sich mit einer vorgestellten Zukunft mit ständig unangenehmen Erfahrungen beschäftigen, Kraft bekommen. Trotzdem gibt es Momente, wo sich alte Muster zeigen, die das Glück blockieren.

Mehr als ein Jahr lang habe ich mir selbst in verschiedenen Situationen diese drei Fragen gestellt, von den neutralsten bis zu den intensivsten Situationen. Es war sehr interessant, all die verschiedenen Möglichkeiten zu beobachten, wie Glück verhindert werden kann. Es war auch ziemlich spannend zu sehen, wie die Anstrengung, präsent zu sein, indem man unmittelbar in der körperlichen Realität verweilt, diese Hindernisse durchbrechen kann – manchmal sogar sofort.

1. Bin ich jetzt wirklich glücklich?

Die erste Frage ist eine Möglichkeit, um einfach zu erkennen, wie wir uns im gegenwärtigen Augenblick fühlen. Oft sind wir uns noch nicht einmal dessen bewusst, dass wir unglücklich sind: Unser Unglücklichsein kann subtil sein, wenn wir beispielsweise etwas ungeduldig oder gereizt sind. Manchmal kann es auch vollkommen verborgen sein, wenn wir uns zum Beispiel gut fühlen und selbstzufrieden sind. Aber angenehme Erfahrungen und Zufriedenheit sind nicht das Gleiche wie wahres Glück und unser Leben kann vorübergehen, ohne dass wir bemerken, was uns fehlt. Wenn wir diese Frage stellen, können wir unseren gegenwärtigen Zustand erkennen, und dies ist das notwendige Erwachen, das den weiteren Prozess möglich macht.

2. Was blockiert mein Glücklichsein?

Die Antwort auf die zweite Frage ist etwas schwieriger. Dafür müssen wir unsere Erfahrung untersuchen, um herauszufinden, wo wir gefangen sind – in Gedanken, Emotionen oder Verhaltensweisen. Zu Beginn sind wir uns vielleicht nicht im Klaren darüber, was wir denken oder fühlen, und es kann etwas Übung erfordern, um uns selbst besser zu kennen, bevor wir diese Frage recht schnell beantworten können. Es kann hilfreich sein, ein Tagebuch zu führen, um die Antworten auf diese Fragen zu notieren und zu untersuchen.

Manchmal ist die einzige Antwort, die sich in Reaktion auf die zweite Frage zeigt, ein „Ich weiß es nicht". Das sind die Momente, in denen wir nicht klar erkennen können, wo und wie wir gefangen sind. In dieser Situation kehren wir von Zeit zu Zeit immer wieder zur zweiten Frage zurück, damit wir schließlich ziemlich genau sehen können, was unser Glücklichsein blockiert. Wenn wir klar erkennen, wo wir feststecken, können wir zur dritten Frage weitergehen.

3. Kann ich mich dem, was ist, hingeben?

Die dritte Frage bezieht sich nicht auf die Hingabe im Sinne von Resignation oder Aufgeben. Es geht darum, unsere Anstrengungen aufzugeben, mit denen wir unsere Erfahrung verändern oder vermeiden wollen. Denn stattdessen können wir vollkommen in unsere Erfahrung eintreten – und in der körperlichen Realität des gegenwärtigen Moments verweilen. Das ähnelt der Frage, die wir im letzten Kapitel benutzt haben: „Was ist dieser Moment?" Diese dritte Frage bezieht sich nicht auf das, was das Glück blockiert, sondern sie kultiviert direkt die Haltung, in der wir für das, was ist, präsent sind – genau so, wie es ist. Es ist eine Haltung, die natürlicherweise Gelassenheit und Wertschätzung fördert, zwei grundlegende Aspekte wahrer Zufriedenheit.

Wenn wir die dritte Frage stellen, ist es sehr hilfreich, wenn wir einige Male tief in die Mitte des Brustraums atmen. Das bringt uns sofort aus dem Kopf heraus und ermöglicht, dass die Antwort aus dem Verweilen in unserer tatsächlichen Erfahrung kommen kann. Auch wenn die Erfahrung unangenehm ist, wie bei Traurigkeit und Angst, können wir lernen, in die körperliche Realität der Erfahrung einzutreten, und sei es nur für die Dauer einiger Atemzüge. Das Entscheidende ist, dass wir den mentalen Bereich verlassen, wo der größte Teil unseres Unglücks wurzelt und wächst, und in die nicht-konzeptuelle Erfahrung des gegenwärtigen Moments eintreten, die vollkommen körperlich ist. Um diesen Prozess zu erklären, können wir uns nun anschauen, wie das Stellen dieser drei Fragen in einigen alltäglichen Situationen tatsächlich wirken kann.

Die Verwendung der drei Fragen im Alltag

Im Auto

Sie fahren gerade auf der Autobahn und der Verkehr kommt fast völlig zum Erliegen. So weit Sie sehen können, bewegen sich die Autos vor Ihnen kaum. Sie sind schon zu spät, um Ihren Zielort rechtzeitig zu erreichen, und Sie fühlen die Enge im Bauch, wenn Sie daran denken, dass Sie im Verkehr feststecken, ohne zu wissen, wann Sie endlich Ihr Ziel erreichen werden.

Sie erinnern sich jedoch an die drei Fragen, und sobald Sie fragen: „Bin ich jetzt wirklich glücklich?“, zeigt sich ganz deutlich auf Ihrem mentalen Bildschirm die Antwort: „Nein!“ Dann fragen Sie: „Was blockiert mein Glücklichsein?“, und wenn Sie Ihre Erfahrung beobachten, wird klar, dass das, was Sie am stärksten fühlen – und was jedes Gefühl von Glück blockiert –, Gereiztheit und Ungeduld ist.

Wenn Sie dann fragen: „Kann ich mich dem, was ist, hingeben?“, können Sie zunächst einige tiefe Atemzüge in die Mitte des Brustraums nehmen, um sich in der körperlichen Wirklichkeit zu verwurzeln. Sie verweilen im gegenwärtigen Moment und spüren die Enge im Körper, die Anspannung im Mundbereich, die Hitze hinter den Augen. Sie hören auch den Soundtrack Ihres Geistes: „Ich hasse es, im Stau zu stehen“, „Das nervt!“, „Warum muss das wieder mir passieren?“ Wenn Sie beim Atem und der körperlichen Erfahrung bleiben, werden Sie sich nach und nach der Umgebung bewusst und bemerken die Wolken und die Lufttemperatur. Mit dieser weiteren Erfahrung des gegenwärtigen Moments sind die Gedanken nicht mehr so überzeugend. Sie beginnen, das Motiv des Anspruchsdenkens klarer zu sehen – Ihre emotionale Reaktion der Ungeduld, die ein direktes Ergebnis der Anspruchshaltung ist; oder die Idee, dass Ihnen das Leben etwas schuldet und Sie keine unangenehmen Erfahrungen machen sollten.

Wenn Sie sich dem, was ist, hingeben – wenn Sie nicht versuchen, Ihre Ungeduld durch Geduld zu ersetzen, sondern einfach spüren, wie sich Ungeduld anfühlt und auswirkt –, dann kann sich die Erfahrung von selbst verändern. Eine Welle der Entspannung fließt durch Sie hindurch und Sie bemerken, dass Sie sich nicht mehr in der Ungeduld gefangen fühlen. Wenn Sie beim Atem verweilen und alles um Sie herum wahrnehmen – die Autos, die Gebäude, die Wolken –, dann erkennen Sie, dass es für Sie vollkommen in Ordnung ist, einfach im Stau zu stehen. „Nirgendwo hingehen" geht durch Ihren Geist und zum ersten Mal verstehen Sie wirklich, was dies bedeutet.

Bei der Arbeit

Sie arbeiten an einem Projekt und haben große Schwierigkeiten, es zu Ende zu bringen. Sie beginnen, sich selbst zu kritisieren und alte Gefühle des Selbstzweifels und der Angst schwächen nach und nach Ihr Gefühl der Kompetenz. Ihre Stimmung wird schlechter und Ihre Welt fühlt sich immer enger und dunkler an. Das Gefühl ist Ihnen bekannt und der Geist fügt den Soundtrack hinzu: „Nach all diesen Jahren, fühle ich es noch immer. Es wird sich nie verändern." Die Empfindung, dass das Leben trostlos ist, wird immer stärker, aber Sie sehen einen Notizzettel auf Ihrem Computerbildschirm, auf dem steht: „Stelle die drei Fragen."

Wenn Sie fragen: „Bin ich wirklich glücklich?", antwortet der Geist sofort: „Wie kann man in so einer Situation glücklich sein?" Aber Sie bleiben trotzdem bei dem Prozess der drei Fragen und stellen die zweite Frage: „Was blockiert mein Glücklichsein?" Sie fühlen sich so überwältigt, dass Ihnen gar nicht klar ist, was eigentlich geschieht. Sie bemerken, dass Sie verärgert und depressiv sind, und Sie schließen daraus, dass das größte Hindernis für die Erfahrung des Glücklichseins das Gefühl und der Glaube ist, dass alles falsch sei.

Obwohl Sie nicht sehr davon überzeugt sind, dass es helfen wird, gibt es in Ihnen immer noch etwas, das frei sein will, und deshalb gehen Sie weiter zur dritten Frage: „Kann ich mich dem, was ist, hingeben?" Beginnend mit einem tiefen Atemzug in die Mitte des Brustraums spüren Sie sofort die Empfindung der Schwere in Ihrer Brust. Sie spüren die Anspannung im Nacken und in den Schultern, und Ihre Lippen sind eng zusammengepresst. Sie folgen weiterhin dem Atem in die Mitte des Brustraums und ein Gedanke scheint immer wieder an die Oberfläche zu kommen: „Ich bin wertlos." Das ursprüngliche Gefühl der Bitterkeit und die schlechte Stimmung fühlen sich nun eher wie Traurigkeit an. Sie versuchen mit der Empfindung dieses Gefühls im Körper zu verweilen und atmen es mit dem Einatmen in die Mitte des Brustraums.

Nach einigen Minuten haben Sie das Gefühl, dass Sie es nicht mehr aushalten können, deshalb räumen Sie geschäftig den Schreibtisch auf und schauen aus dem Fenster. Der blaue Himmel erinnert Sie an die Anleitungen über das Präsentsein und Sie kehren sofort zum Atem und den Gefühlen im Körper zurück. Sobald Sie sich etwas verwurzelt fühlen, erweitern Sie Ihr Gewahrsein, um das Gefühl der Weite im Raum und den Blick auf den Himmel zu umfassen. Sie bemühen sich, damit Sie sich nicht auf wiederholte Gedanken der Wertlosigkeit einlassen. Stattdessen verweilen Sie weiterhin in den Körperempfindungen und der Wahrnehmung der Umgebung. Innerhalb kurzer Zeit wird der Atem tiefer und beruhigender und in einer momentanen Einsicht erkennen Sie, dass Sie im selbstverurteilenden Geist gefangen waren – der Geist, der Ihnen sagt, dass Sie nie gut genug sein werden. Aber während Sie diese Selbstverurteilung als das sehen, was sie ist – nur ein Gedanke! –, verliert sie an Macht. Obwohl der

Gedanke weiterhin anwesend ist, glauben Sie nicht mehr in der gleichen Weise daran, und die Schwere und Trostlosigkeit lösen sich auf. Sie fragen sich nun nochmals, ob Sie wirklich glücklich sind, und obwohl Sie zögern, Ja zu sagen, bemerken Sie, dass Sie wahrhafte Gelassenheit spüren.

In Beziehung

Sie leben in einer persönlichen Beziehung, die ihre Höhen und Tiefen hat. Eines Tages werden bei einem Streit Dinge gesagt, die Ihnen das Gefühl geben, als hätte Ihnen jemand in den Bauch gestoßen. Sie glauben, dass die Kritik nicht gerechtfertigt war und Sie verteidigen sich mit allen Mitteln. Aber schon bald hat die Wut die Macht übernommen und Sie haben das Gefühl, dass Sie gleich explodieren werden. Glücklicherweise stimmen Sie überein, den Streit zu beenden, aber sobald Sie allein sind, merken Sie, dass Sie immer noch sehr wütend sind.

Sie erinnern sich an die drei Fragen, einschließlich der Empfehlung, die erste Frage nicht zu überspringen – „Bin ich jetzt wirklich glücklich" –, selbst dann, wenn die Antwort klar zu sein scheint. Wenn Sie diese Frage stellen, sind Sie überrascht, dass es Ihnen bisher gar nicht aufgefallen ist, dass Sie sich unglücklich fühlen. Die Wut ist so stark, dass sie vollkommen die Kontrolle übernommen hat und wenig Raum für das Gewahrsein von irgendetwas anderem lässt.

Wenn Sie die zweite Frage stellen – „Was blockiert mein Glücklichsein?" –, dann bemerken Sie zunächst, dass Sie sehr wütend sind. Sie sind sich nicht sicher, ob Sie zur dritten Frage weitergehen möchten – „Kann ich mich dem, was ist, hingeben?" –, denn Sie können sich nicht vorstellen, dass sie zu einer positiven Antwort führt. Aber als Sie die zweite Frage stellen, ahnen Sie, dass Ihr Zögern, zur dritten Frage weiterzugehen, von der Tatsache herrührt, dass Sie wütend bleiben und im Recht sein *wollen*. Sie bemerken, dass Sie es nicht wirklich aufgeben wollen, selbst wenn es offenkundig das wahre Glück verhindert. Das ist eine überraschende Erkenntnis, und Sie lassen die Kraft dieser Erkenntnis auf sich wirken, bevor Sie mit der dritten Frage arbeiten.

Während Sie den Anleitungen folgen, um in dem, was ist, zu verweilen, beginnen Sie mit einigen tieferen Atemzügen in die Mitte des Brustraums. Dann konzentrieren Sie sich auf die spezifischen Körperempfindungen: das Gefühl der Hitze und Enge, die explosive Energie, die durch den Körper strömt, die geballten Fäuste und die zusammengepressten Lippen. Es ist schwierig, bei diesen Gefühlen im Körper zu bleiben, weil die starken Gedanken der Schuld und Selbstgerechtigkeit nicht nachlassen. Sie können das verführerische Gefühl von Lebendigkeit und Macht spüren, wenn Sie „recht" haben wollen, deshalb bemühen Sie sich noch mehr, um sich nicht so sehr mit diesen Gedanken zu beschäftigen. Jedes Mal, wenn beschuldigende Gedanken erscheinen, wenden Sie sich mit einer tiefen Entschlossenheit von der Beschäftigung damit ab. Stattdessen verweilen Sie in Ihrer Erfahrung des Körpers und beobachten und erfahren einfach, was da ist – nicht *warum*, sondern nur *was*.

Wenn die explosive Energie der Wut sich beruhigt, sinken Sie noch eine Ebene tiefer und erfahren die verwundbaren Gefühle der Verletztheit und Traurigkeit. Die Gedanken sind nicht mehr so stark, aber es besteht immer noch die Gefahr, dass sie Ihre Aufmerksamkeit ablenken. Jedes Mal, wenn das geschieht, lassen Sie sie los und verweilen Sie weiter im Körper. Nach einer Weile fallen Sie noch eine Ebene tiefer, wo Sie das Gefühl der Angst erfahren – besonders die Angst davor, allein zu sein und zurückgewiesen zu werden. Sie atmen weiterhin in die Mitte des Brustraums und atmen mit dem Einatmen die körperliche Empfindung der Angst in Ihr Herz.

Sie umschließen auch die Umgebung und werden sich der Geräusche bewusst, die von außen kommen, und bemerken die

Qualität des Lichtes im Raum. Wenn Sie in diesem größeren Gefäß des Gewahrseins verweilen, verringert sich die Erfahrung der Angst. Obwohl sie immer noch anwesend ist, bestehen Sie nicht mehr darauf, recht zu haben, und Sie verstehen, dass der Mensch, der Sie kritisiert hat, wahrscheinlich genauso leidet wie Sie. Wenn Ihr Körper weicher wird, spüren Sie Mitgefühl für sich selbst und den anderen Menschen.

Dann atmen Sie nochmals in die Mitte des Brustraums und etwas öffnet sich und Sie fühlen sich lebendig und wach. Reste von Wut und Angst sind noch vorhanden, aber es ist klar, dass diese Emotionen nicht mit Ihnen identisch sind. Die Energie der Wut und Angst wurde transformiert und Sie erfahren eine viel weitere Empfindung der Lebendigkeit.

Wenn Sie nichts zu tun haben

Sie fühlen sich ziemlich zufrieden; zumindest scheint nichts falsch zu laufen. Das einzige Problem ist, dass Sie zwei freie Stunden haben, in denen Sie nicht wissen, was Sie tun sollen. Sie sind es gewohnt, sehr beschäftigt zu sein, und schon bald fühlen Sie eine unangenehme innere Leere. Der Verstand fragt voller Angst: „Und was jetzt?" Sie setzen sich an den Computer und vertreiben sich die Zeit mit Spielen im Internet und nach einer Weile sind Sie vollkommen darin gefangen. Eine leise innere Stimme sagt Ihnen, dass Sie Zeit vergeuden – Sie lassen das Leben vorbeitreiben, so als hätten Sie endlos Zeit. Aber die chemischen Substanzen, die nun ausgelöst durch das Computerspiel durch Ihren Körper strömen, sind stärker als die kurzen Momente der Reue.

Sie erinnern sich daran, die drei Fragen zu stellen. Auf die erste Frage – „Bin ich jetzt wirklich glücklich?" – antworten Sie schnell: „Ja." Sie fühlen sich durch die süchtig machende Aufregung am Computer stimuliert. Die unangenehmen Gefühle, die Sie vorher gespürt haben – das nagende Gefühl der Leere, weil Sie nichts zu tun hatten –, sind nicht mehr an der Oberfläche. Aber

Sie halten inne, um etwas tiefer zu schauen. Sie fragen sich, ob das, was Sie fühlen, wirklich Glück ist, oder ob es vielleicht nur eine fahle Bequemlichkeit ist, die Sie durch ihre süchtige Anhaftung an Computerspielen erfahren. Sie merken, dass Sie, sobald Sie mit dem Spielen aufhören, nicht mehr vor den unangenehmen Gefühlen geschützt sind, die Sie davor gespürt haben. Sie verstehen, dass das „Glück", das Sie gerade fühlen, nur eine vorübergehende „Lösung" ist.

Sie verändern Ihre Antwort auf die erste Frage zu einem „Nein". Und obwohl Sie einen Widerstand gegen das Stellen der zweiten Frage spüren – „Was blockiert mein Glücklichsein?" –, stellen Sie sie. Sie empfinden sofort unangenehme Gefühle und fühlen sich verloren. Sie spüren den starken Drang, wieder an den Computer zu gehen oder sich in anderer Weise zu beschäftigen. Aber Sie halten lange genug inne, um Ihre verborgene Absicht zu erkennen: Ihr unbewusster Versuch, die zunehmend unangenehmen Empfindungen in Ihnen zu überdecken. Wenn sich das Tor der Klarheit öffnet, dann wird schnell klar, dass Ihre süchtigen Verhaltensweisen – nicht nur mit dem Computer, sondern bei der Arbeit oder beim zu vielem Essen, beim Putzen, Organisieren oder beim Alkoholkonsum – die Möglichkeit wahrer Gelassenheit blockieren. Denn durch diese Ablenkungen können wir die Angst, die sich in unserem tiefsten Inneren versteckt, nicht voll erfahren. Und deshalb werden wir niemals vollkommen frei davon sein.

Wenn Sie die dritte Frage stellen – „Kann ich mich dem, was ist, hingeben?" –, wissen Sie nicht so genau, was Sie tun sollen. Sie erinnern sich daran, mit einigen Atemzügen in die Mitte des Brustraums zu beginnen. Dann konzentrieren Sie sich auf die besondere Körperempfindung – das allgemeine Gefühl der Unruhe, die unangenehmen Gefühle der Enge im Bauch und in der Brust, der körperliche Drang, etwas zu „tun". Wenn Sie den Körper bewusster spüren, ruft der Verstand noch lauter nach Erleichterung: „Was nun? Ich muss etwas *tun!*" Aber eine stillere Stimme erinnert

Sie daran, einfach nur innezuhalten. Sie folgen dem Zwang der Abhängigkeit nicht und verweilen bei der unangenehmen Körperempfindung. Und es wird immer offensichtlicher, dass diese unangenehmen Empfindungen die Wurzel all Ihrer Verhaltensweisen sind, die von Sucht und Abhängigkeit bestimmt werden.

Es ist schwierig, bei diesen unangenehmen Gefühlen zu bleiben. Der Verstand wird immer schneller, um die Gefühle im Körper zu vermeiden, vor allem durch den Versuch, zu analysieren, warum Sie sich so fühlen. Aber Sie kehren immer wieder zum Atmen in die Mitte des Brustraums und zur unmittelbaren Erfahrung des Körpers zurück. Schließlich erinnern Sie sich daran, das Feld des Gewahrseins zu erweitern, indem Sie auch die Umgebung umfassen – das Gefühl der Weite im Raum und die Verkehrsgeräusche von draußen. Das Gewahrsein wechselt immer wieder vor und zurück zwischen den inneren Körperempfindungen und der physischen Wirklichkeit der Umgebung. Und nach und nach hellt sich die düstere Stimmung auf. Plötzlich erkennen Sie, dass Sie sich nicht anstrengen müssen – dass es *nichts zu tun gibt.* Schnell wird klar, dass die ganzen Anstrengungen, die Süchte und das Verlangen, die nagende Leere mit Aktivitäten und Ersatzmitteln zu füllen, Zwänge sind, denen man nicht folgen muss. Selbst wenn die Kraft der Süchte und Abhängigkeiten stark sein mag, müssen wir davon nicht gezogen werden. Wenn wir das erkennen, erfahren wir Freiheit. Wenn wir einfach in dem verweilen, was ist, genau so, wie es ist, kann die viel authentischere Erfahrung des Glücks in natürlicher Weise von selbst erscheinen.

Abschließende Gedanken über die drei Fragen

Die Beispiele, die ich soeben verwendet habe, stammen aus meiner eigenen Erfahrung und dem Erleben anderer – manchmal dauerte es Tage, dass sie sich entfalten konnten. Sie sollten dabei bedenken, dass es keine bestimmte Formel gibt, um die drei Fragen zu beantworten. Sie zu beantworten ist genauso wie das Leben eher eine Form der Kunst als eine Sammlung von Regeln, denen wir folgen sollten. Trotzdem gibt es einige allgemeine Richtlinien, die es uns erleichtern.

Diese Richtlinien können mit drei Begriffen zusammengefasst werden: Erkennen, Aufhören und Verweilen. Als Erstes müssen Sie *erkennen,* was Sie tun – und was Sie denken und was Sie fühlen. Zweitens müssen Sie *aufhören,* die Gedanken und Urteile zu wiederholen, und manchmal auch zwanghaftes Verhalten beenden. Und als Letztes können Sie in der körperlichen Erfahrung des gegenwärtigen Moments *verweilen,* einschließlich des Gefühls des Atems in der Mitte des Brustraums, der besonderen Körperempfindungen und schließlich der weiteren Erfahrung der Umgebung. Es ist die tiefste Möglichkeit für Transformation, wenn wir im gegenwärtigen Moment verweilen oder uns dem Augenblick hingeben.

Basierend auf der Annahme, dass wir gut in dem sind, was wir üben, könnte es hilfreich sein, einen ganzen Tag damit zu verbringen, um von Zeit zu Zeit immer wieder die drei Fragen zu stellen. Dadurch können Sie ein Gefühl dafür bekommen, wie man damit arbeiten kann. Es ist wichtig, dass Sie in Ihren Anstrengungen diszipliniert sind und im Laufe des Tages dabeibleiben. Aber das bedeutet nicht, dass man verbissen sein muss. Wir können eine ernsthafte Absicht verfolgen, ohne in schlechter Stimmung zu sein. Wir können stattdessen in unserer Anstrengung sanft sein, was bedeutet, dass wir uns nicht im „Sollen" des selbstverurteilenden Verstandes verfangen, wie die Selbstverurteilung „Ich *sollte* präsenter sein".

Wenn Sie in Ihrer Absicht, ein authentischeres Leben zu führen, aufrichtig sind, dann können Sie nichts falsch machen. Ganz sicher werden wir viele Umwege finden, die uns vom gegenwärtigen Moment wegführen. Immer wieder werden wir uns von unangenehmen Erfahrungen abwenden wollen. Aber mit jedem

Umweg, mit jedem Abwenden, können wir wieder zurückkommen, indem wir tief in die Mitte des Brustraums atmen. Ein weiser Mensch hat einmal gesagt: „Alles, was es wert ist, dass wir es tun, ist es auch wert, dass es unvollkommen getan wird." Können wir unsere Vorstellungen von Vollkommenheit aufgeben und einfach guten Mutes in diesem Moment unser Bestes geben? Wenn wir die drei Fragen stellen und versuchen, sie so zu beantworten, wie wir es in diesem Moment können, kann sich die Tür zu wahrem Glück öffnen – eine Wirklichkeit, von der wir vielleicht nicht einmal dachten, dass sie möglich ist.

7 Emotionale Freiheit

Eines der hartnäckigsten Hindernisse auf dem Weg zu wahrem Glück ist unser Gefangensein in trennenden emotionalen Reaktionen, wie zum Beispiel Wut, Angst und Verzweiflung. Aber genau diese Reaktionen können als ein effektiver Weg zu unserer Transformation wirken – von der selbstbezogenen Welt des Ich zur Gelassenheit der wahren Erfüllung. Früher oder später müssen wir uns in der spirituellen Praxis mit dem Konflikt zwischen dem, was wir wollen, und dem, was ist, auseinandersetzen. Aus diesem Konflikt kommen all unsere trennenden emotionalen Reaktionen und ein großer Teil unseres Unglücks. In diesem Konflikt, wenn uns das Leben nicht das gibt, was wir wollen, kann die emotionale Reaktion ziemlich stark sein, und es fühlt sich oft ziemlich chaotisch an, wenn wir mitten darin sind. In diesen Momenten scheint es fast so, als würde unsere Fähigkeit des klaren Denkens Urlaub machen, und wir fallen schnell in alte destruktive Muster zurück: Wir laden beispielsweise unsere Emotionen bei anderen ab, beurteilen unsere Gefühle als schlecht oder unterdrücken unsere Erfahrung vollkommen.

Wenn wir uns in diesen negativen Mustern verfangen, sind wir von uns selbst getrennt. Jedes Mal, wenn wir uns mit diesen Mustern beschäftigen, legt sich eine weitere Schicht von Panzerung um unser Herz und dadurch verstärkt sich auch das Unglück des Getrenntseins. Wir können diesen dunklen Ort nicht immer vermeiden, weil uns das Leben nie alles geben wird, was wir wollen; aber wir können lernen, wie uns diese Erfahrungen transformieren können. Es ist wichtig, dass wir lernen, wie wir direkt mit unseren trennenden emotionalen Reaktionen arbeiten können. Durch die Praxis können wir die dunkle und negative Energie transformieren – so als würden wir Gift in Honig verwandeln. Wenn wir uns immer weniger in unseren Emotionen verfangen, wird es immer wahrscheinlicher werden, dass wir das Glück innerer Freiheit erfahren können.

Wie wir lernen können, negative Emotionen willkommen zu heißen

Ein wichtiger Aspekt in der Arbeit mit unseren Emotionen ist, dass wir lernen, sie nicht mehr als Hindernisse auf unserem Weg zum Glück zu sehen. Meistens beurteilen wir Emotionen, die sich schlecht anfühlen, als schlecht; wir sehen Sie als den Feind, als etwas, das wir erobern oder überwinden müssen. Zumindest wollen wir sie verändern, damit wir nicht solch unangenehme Gefühle spüren. Aber aus dem Blickwinkel der spirituellen Praxis ist das in Wirklichkeit die verkehrte Sicht. Unsere negativen emotionalen Reaktionen sind weder Hindernisse auf dem Weg zu unserem Glück, noch sind sie der Feind. In der Tat sind genau diese Emotionen, *wenn wir damit bewusst arbeiten,* der Weg zum wahren Glück der Gelassenheit.

Wenn wir gezwungen werden, uns den Orten zuzuwenden, wo wir die größten Hindernisse erfahren, wenn wir beispielsweise mit unserer Wut und unserer Angst konfrontiert sind, haben wir eine hervorragende Möglichkeit, zu den Wurzeln unserer Anhaftung vorzudringen. Deshalb betonen wir immer wieder die Notwendigkeit, solche Erfahrungen willkommen zu heißen, sie einzuladen und sie als unseren Weg zu sehen. Normalerweise heißen wir nur unsere angenehmen Erfahrungen willkommen, aber die buddhistische Praxis fordert uns auf, alles willkommen zu heißen, egal, was es ist – auch die unangenehmen und ungewollten Erfahrungen. Denn wir verstehen, dass wir von der Beherrschung durch diese Erfahrungen nur dann befreit werden können, wenn wir ihnen direkt begegnen. Dann bestimmen sie nicht mehr, wer wir sind.

Am hilfreichsten ist es für mich, wenn ich zu meiner Erfahrung Ja sagen kann. Dieses „Jasagen" bedeutet nicht, dass ich meine Erfahrung unbedingt mag. Es ist eine Möglichkeit, neugierig auf das zu werden, was ist, und bereit zu sein, es zu *fühlen.* Es bedeutet auch, dass ich bereit bin, meine Erfahrung aus einem anderen Blickwinkel zu sehen: Statt sie als ein Hindernis zu sehen, erkenne ich sie als einen direkten Weg zur Freiheit. Wenn wir beispielsweise Ja zur Angst sagen, bedeutet das, dass wir sie einladen, um sie als die Erfahrung des gegenwärtigen Moments in unserem Leben zu spüren. Wir denken nicht darüber nach oder analysieren sie, und wir müssen auch nichts damit machen; wir geben uns einfach dem, was ist, hin. Was für ein Unterschied im Vergleich zu unserem normalen Verhalten, das meist darin besteht, diese unangenehmen Erfahrungen wegzustoßen. Wenn wir zu unseren Emotionen Ja sagen und sie willkommen heißen, müssen wir sie nicht mehr als Feinde sehen und können mit ihnen Freundschaft schließen. Allein schon das kann eine große Erleichterung sein. Wenn Wut oder Angst aufsteigt, müssen wir nicht sagen: „Oh nein, nicht das!", sondern wir können uns daran erinnern, diesen Emotionen mit einer anderen Haltung zu begegnen: „Ja, hier ist es wieder – wie wird es sich dieses Mal anfühlen?" Wenn wir den Geist der Neugier entwickeln, werden Trübsinn und Furcht durch die natürliche Begeisterung des Erforschens und Entdeckens ersetzt.

Es ist nicht einfach, zu lernen, unsere negativen Emotionen als einen spirituellen Weg zu sehen, besonders wenn sich tiefe Konditionierungen zeigen. Oft bleiben wir in alten Reaktionsmustern gefangen, aber selbst diese tief eingeprägten Muster können ihre Macht über uns verlieren. Ich lebe zum Beispiel ziemlich nah am Pazifischen Ozean und ich fahre gern mit dem Surfbrett, wenn es meine Gesundheit zulässt. Aber obwohl ich es so gern tue, muss ich mich jedes Mal, wenn ich ins Wasser gehe, mit alten, angstauslösenden Konditionierungen auseinandersetzen. Ich bin in Atlantic City aufgewachsen und verbrachte fast jeden Sommertag am Meer. Zwei Mal wäre ich fast ertrunken und musste von Rettungsschwimmern ans Ufer gebracht werden, und die Panik, die ich in diesen Momenten gefühlt habe, hat eine tiefe Prägung hinterlassen. Als junger Mann war ich zudem Zeuge mehrerer Hurrikans und während eines Hurrikans sah ich, wie die unglaubliche Kraft des Ozeans buchstäblich einen hölzernen Steg aufriss. Seitdem wird die tief konditionierte Erinnerung an Angst und Machtlosigkeit immer dann ausgelöst, wenn ich ins Meer gehen will.

Kurz bevor ich mit meinem Surfbrett losgleite, besonders dann, wenn die Wellen hoch sind, verspannt sich instinktiv mein Bauch, während mein Verstand wortlos „Gefahr“ anzeigt. Würde ich auf meinen Verstand hören, dann würde ich nie ins Wasser gehen. Oder ich würde versuchen, „stark zu sein“, indem ich ins Wasser renne und schnell versuche, meine Ängste zu überwinden und loszuwerden. Aber das wäre keine echte Stärke und es würde auch nicht wirklich die Angst verringern. Wenn also das unangenehme Gefühl der Gefahr aufsteigt, habe ich gelernt, Ja dazu zu sagen. Das ist nicht das Gleiche wie zu versuchen, stark zu sein und sie zu überwinden. „Jasagen“ bedeutet einfach, dass wir bereit sind, die Angst willkommen zu heißen und neugierig zu sein, wie sie sich anfühlt, und sich ihr hinzugeben, so, wie sie ist. Es bedeutet auch, dass ich bereit bin, die Angst als meinen Weg zur Freiheit zu sehen – nicht indem ich sie loswerde, sondern ich erlaube der Angst nicht mehr, zu bestimmen, wer ich bin und was ich tue. Wenn ich mich mit der Angst versöhne, dann kann ich sie als die Konditionierung sehen, die sie tatsächlich ist. Das ist die

Essenz der Praxis der liebenden Güte – wir sind in der Lage, unseren Emotionen mit einer Freundlichkeit zu begegnen, die sie nicht als Fehler sieht oder als Beweis, dass mit uns etwas nicht stimmt. Stattdessen lernen wir, sie mit einer gütigen Toleranz für das Menschsein zu sehen. Wenn ich also ins Meer gehe und auf den Wellen ans Ufer reite, ist immer noch Anspannung im Bauch spürbar, aber die allgemeine Erfahrung ist nicht nur frei von der dunklen Enge der Angst, oft ist sie wunderbar leicht und freudvoll.

Bei der Arbeit mit unseren trennenden emotionalen Reaktionen ist es wichtig, dass wir lernen, unsere schwierigen Emotionen willkommen zu heißen und zu verstehen, dass sie in Wirklichkeit der Weg zu innerer Freiheit sind. Wenn wir unmittelbar darin verweilen wollen, ist es auch wichtig, dass wir uns aller starken Gedanken bewusst werden, an die wir im Moment vielleicht glauben. Immer wenn wir in einer emotionalen Reaktion gefangen sind, können wir ziemlich sicher sein, dass wir an Glaubenssätzen festhalten, die wir nicht klar sehen können. Diese Gedanken nähren oftmals die Emotion und garantieren, dass wir stecken bleiben werden. Um unsere Glaubenssätze zu klären, können wir fragen: „Wie sollte es sein?" – was auf unsere verborgenen Erwartungen hindeuten wird. Oder wir können fragen: „An welchen Gedanken glauben wir am stärksten?" Auch wenn wir nicht den Gedanken sehen, an den wir zutiefst glauben, haben wir die Möglichkeit, einige der Gedanken zu sehen und zu benennen, derer wir uns bisher nicht bewusst waren. Das sind die Gedanken, die normalerweise jede Bemühung blockieren würden, durch die wir wirklich in der Emotion verweilen und sie spüren können. Gedanken wie „Das ist ungerecht" und „Was wird mit mir geschehen?" hören sich vielleicht nicht so dramatisch an, aber ihre Macht, unsere emotionalen Reaktionen zu festigen, sollte nicht unterschätzt werden.

Bei einem Retreat, dass ich vor Kurzem leitete, wachte ich am letzten Morgen auf und fühlte mich sehr niedergeschlagen. Nichts war geschehen, was diese trostlose Stimmung hätte auslösen können, aber trotzdem war sie sehr stark. Bekannte unheilvolle Gedanken gingen mir durch den Kopf: „Das Leben ist öde", „Alles ist hoffnungslos" und so weiter – und sie waren unglaublich anziehend. Ich stellte mir selbst die drei Fragen und in Bezug zur zweiten Frage – Was blockiert mein Glücklichsein? – war klar, dass das Gefangensein in diesen geglaubten Gedanken nicht nur das Glück blockierte, sondern mich auch davon abhielt, in der Erfahrung des gegenwärtigen Moments zu verweilen. Aber so stark diese Gedanken waren, ich war mir auch bewusst, dass sie nicht die Wahrheit waren. Und als ich klar sehen konnte, dass es *nur Gedanken* waren, konnte ich aus ihnen heraustreten. Sie waren immer doch da, aber als ich die dritte Frage stellte – Kann ich mich dem, was ist, hingeben? –, war es möglich, die Gedanken einfach mit Interesse zu beobachten. Am interessantesten war, wie anziehend die Gedanken waren. Es erinnerte mich daran, dass die Übung einer spirituellen Praxis nicht bedeutet, dass diese dunklen Wolken nicht mehr durch uns hindurchgehen oder dass sie uns nicht wieder manchmal in ihren Griff bekommen. Es wurde auch klar, dass es möglich war, Gelassenheit zu erfahren, auch wenn die Gedanken weiter anwesend waren, bis ich sie schließlich nicht mehr beachtete. Weil ich nicht mit ihnen kämpfte und sie nicht beurteilte und sie einfach nur klar sehen konnte, verloren sie ihre Macht.

Wenn wir im Laufe der Jahre unsere emotionalen Höhen und Tiefen beobachten, werden wir zu einer unausweichlichen Erkenntnis kommen: Die Art und Weise, wie wir uns selbst sehen – als festes, dauerhaftes Selbst –, ist eine der am tiefsten eingeprägten Illusionen. Eine realistischere Sichtweise ist, dass wir eine komplexe Ansammlung vieler „Ichidentitäten" sind. In einem Moment glauben wir zutiefst daran, dass das Leben zu schwer ist und dass wir damit nicht mehr zurechtkommen. Und zehn Minuten später können wir das Gefühl haben, dass alles in Ordnung ist. Oder wir wachen auf und fühlen uns ängstlich oder schlecht gelaunt und dieses Ich färbt vollkommen unsere Wahrnehmung der Wirklichkeit. Aber früher oder später wird dieses Ich durch ein anderes Ich ersetzt werden, das genauso wirklich und wahr zu sein scheint. Wenn wir verstehen, dass unser emotionales Leben zutiefst dadurch bestimmt wird, welches Ich sich zeigt, können wir lernen, einen Schritt zurückzutreten.

Eine meiner Lieblingsübungen heißt: „Es tut es." Immer wenn ich mich dabei erwische, dass ich an eine meiner vielen „Ichidentitäten" glaube, wenn ich mich zum Beispiel sagen höre: „Ich bin gereizt", oder „Ich fühle mich mies", dann verändere ich die Sätze so: „*Es* ist gereizt" und „*Es* fühlt sich mies an". Diese einfache Veränderung in der Sprache, die eine Form des Benennens ist, lässt die Perspektive sofort weiter werden, und ich bin nicht mehr so sehr mit diesem bestimmten Ich beschäftigt und halte es nicht für die Wahrheit. Wenn wir verstehen, dass wir aus vielen Ichidentitäten bestehen und jedes Ich als „Es" benennen, führt es uns zu einem Empfinden der Unbeschwertheit und einem Zustand der emotionalen Freiheit.

In unseren dunkelsten Momenten

Aber manchmal können sich unsere Emotionen so überwältigend anfühlen, dass wir egal, was wir tun, weiter darin verhaftet bleiben. Wenn wir diese dunklen Momente erfahren, könnte selbst das Stellen der drei Fragen nicht mehr helfen. Das sind die Momente der Traurigkeit, Angst oder Verzweiflung, in denen wir uns am stärksten von unserem Herzen getrennt fühlen. Das sind auch die Momente, in denen wir uns selbst am gröbsten verurteilen, in denen wir fest daran glauben, dass wir Versager sind. Aber selbst in diesen dunkelsten Momenten können wir immer noch etwas tun – wir können einmal tief in die Mitte des Brustraums atmen. Und so können wir vielleicht einen Gedanken wahrnehmen oder eine Empfindung spüren oder uns der

Umgebung bewusst werden. Und dann können wir nochmals in die Mitte des Brustraums atmen. Wir können den Atem als Kanal nutzen und die Empfindung des Leidens und der Entmutigung direkt ins Herz atmen. Jedes Mal, wenn wir in die Mitte des Brustraums atmen, können wir uns etwas mehr unseren Gefühlen öffnen. Dann kann sich langsam das Gefühl der Verzagtheit in Verbundenheit verwandeln.

In unseren dunkelsten Momenten, in denen wir so wenig Mitgefühl mit uns selbst haben, ist das Atmen in das Herz selbst schon ein Akt des Mitgefühls. Allein schon der Prozess des Öffnens unserer tiefen Quelle persönlichen Schmerzes verbindet uns mit dem universellen Schmerz des Menschseins. Wenn wir die Emotion in die Mitte des Brustraums atmen, schwächen wir die verführerische Kraft der auf Emotionen basierenden Gedanken und wir fühlen uns nicht mehr so gefangen und allein. Selbst wenn das Leiden anhält, können wir einen Geschmack von der heilenden Kraft der Weite des Herzens bekommen. Und dadurch können wir schließlich zur grundlegenden Praxis des Präsentseins zurückkommen.

In meinen frühen Fünfzigern erlebte ich eine dreijährige Periode, wo ich jeden Morgen zwischen drei und fünf Uhr aufwachte, meist mit unendlich tiefer Angst. Mein Geist jagte von einer Sache zur nächsten – meine Arbeit, meine Gesundheit, meine Beziehungen –, und wo auch immer mein Geist landete, die Angst war schon da. Es schien, dass der Inhalt meiner Angst mich dazu veranlasste, aufzuwachen, aber nach einer Weile wurde klar, dass die Dinge, um die sich mein Geist drehte, nicht die Ursache waren – sie gaben dem Feuer einfach neue Nahrung. Schließlich bildete ich mir einen allgemeinen Gedanken, der all die anderen Inhalte benannte: „Wenn ich meinen Gedanken glaube, ist alles außer Kontrolle – ich muss die Kontrolle wiederbekommen." Leise wiederholte ich diesen Gedanken und benannte ihn so oft wie möglich und ich war nicht mehr in den mentalen Kreisläufen gefangen.

Obwohl das hilfreich war, blieb die körperliche Empfindung der Angst weiterhin sehr stark. Ich versuchte aufzustehen und zu meditieren, aber wenn ich wieder ins Bett ging, war die Angst wieder da. Manchmal wurde sie so stark, dass ich nicht mehr stillliegen konnte – manchmal hatte ich das Gefühl, ich könnte aus meiner eigenen Haut springen. Als das jede Nacht geschah, wurde ich sehr entmutigt. Ich war nicht nur müde und ängstlich, sondern auch frustriert, denn meine vielen Jahre der Meditation schienen hier nicht zu helfen. Und auch die vielen Praxismethoden, die ich mit so viel Erfolg in der Vergangenheit angewendet hatte, halfen nicht. Letztlich hatte ich Angst davor, nachts aufzuwachen, weil ich wusste, dass es qualvolle zwei Stunden sein würden.

Dann geschah etwas Merkwürdiges. Ich hörte einen Song von Bob Dylan, in dem es hieß: „They say the darkest hour is right before the dawn" („Man sagt, der dunkelsten Stunde folgt die Dämmerung"). Obwohl das ein Klischee ist, erhellte sich etwas in mir und ich erkannte die Wahrheit, die in diesem Satz zum Ausdruck kommt. Wie oft hatte ich dies in der Vergangenheit erfahren – wenn sich die dunkelsten Momente genau dem Gegenteil öffneten. Ich hatte es vergessen und versuchte nur, durch diese Stunden der Dunkelheit zu kommen, und sah nicht, was für eine wertvolle Möglichkeit sie waren. Dann begann ich auf dem Rücken zu liegen, ich schaute nicht mehr auf die Uhr und machte mir keine Sorgen mehr darüber, wie viel Schlaf ich verpassen werde und folgte stattdessen dem Atem in die Mitte des Brustraums. Zu dieser Zeit war das eine ziemlich neue Praxis für mich, aber etwas daran zog mich an. Manchmal konnte ich nur einen Atemzug tun, bevor ich wieder in die Angst und die Entmutigung zurückgezogen wurde. Aber nach einer Weile lernte ich, wie ich die körperlichen Empfindungen der Angst mit dem Einatmen genau in die Mitte des Brustraums atmen konnte, und ich war in der Lage, mich diesen Empfindungen hinzugeben.

Wenn wir in den dunkleren und intensiveren Emotionen gefangen sind und unser Leben am schwersten zu sein scheint, glauben wir oft, dass uns diese Schwierigkeit davon abhält, glücklich zu sein. Aber dieser Glaube basiert auf der falschen Annahme, dass die Voraussetzung für Glück darin besteht, dass unser Leben einfach verläuft. Dann vergessen wir eine der tiefsten Wahrheiten der spirituellen Praxis: Wir können erst wirklich glücklich sein, *wenn* unser Leben schwierig wird. Schwierigkeiten bringen uns an den Rand unserer Hindernisse; unsere dunkelsten emotionalen Reaktionen sagen uns, dass wir genau am richtigen Ort sind, um emotionale Freiheit zu erfahren, *wenn* wir bereit sind, bewusst mit diesen Reaktionen zu arbeiten. Das bedeutet, dass wir bereit sind, Ja zu unseren Emotionen zu sagen und sie einzuladen.

Wie dieser Prozess der Transformation verläuft, ist ein Geheimnis. Ob wir in Wut, Angst oder Verzweiflung gefangen sind, in jedem Fall wird die trennende Emotion durch ein eng gewebtes komplexes Netz aus Glaubenssätzen, Schutzmechanismen und körperlichen Erinnerungen zusammengehalten, die in unseren Zellen gespeichert sind. Das bedeutet, dass wir aus unserer Konditionierung leben, und manchmal haben wir das Gefühl, dass wir nichts tun können, um es zu verändern. Aber wenn die emotionale Erfahrung der Trennung aufsteigt – in der wir uns von uns selbst und anderen getrennt fühlen –, können wir genau in dieser Erfahrung bewusst verweilen. Dann können wir – manchmal plötzlich, manchmal nach und nach – die Festigkeit der Emotionen durchschauen, an denen wir festhalten.

Wenn wir uns mit unserem Gewahrsein den Glaubenssätzen und der körperlichen Erfahrung zuwenden, dann kann sich das enge Gefühl eines „Selbst" langsam auflösen. Wenn wir in die Mitte des Brustraums atmen und die Emotion vollkommen spüren, besonders wenn das Gewahrsein auch die Weite und Luft der Umgebung und ihre Geräusche umfasst, lösen sich die Schichten der Panzerung nach und nach auf. Wir können uns wieder mit dem Herzen und einem größeren Empfinden des Lebens verbinden. Obwohl der Prozess geheimnisvoll ist, wird klar, dass die Hingabe an unsere Emotionen im gegenwärtigen Moment der direkte transformative Weg zu innerer Freiheit und Gelassenheit ist. Wenn unsere Schutzmauern schließlich einstürzen, bleibt nur noch Glück.

8 Meditation

Meditation ist keine esoterische Aktivität mehr, die vor allem in Klöstern geübt wird. Heute wird erkannt, dass Meditation für verschiedenste Dinge hilfreich sein kann, einschließlich der Verminderung von Stress und der Verbesserung der Gesundheit. Aus diesen Gründen sind viele Menschen bereit, es zu versuchen, und das ist sicher eine gute Entwicklung. Aber wenn wir Meditation nutzen, um Stress zu verringern oder unsere Gesundheit zu verbessern, bewegen wir uns immer noch in dem Bereich, wo wir dem persönlichen Glück nachjagen. Wenn wir Meditation als ein Mittel nutzen, um uns besser zu fühlen, um ruhiger zu werden oder unseren Blutdruck zu senken, dann wollen wir im Grunde das Leben nach unseren Vorstellungen verändern. Aber was nützt es uns, wenn wir während der Meditation schöne Erfahrungen haben, uns aber nicht auch mit der Wut und der Angst auseinandersetzen, die wir alle in uns tragen, und die schließlich unsere guten Gefühle unterminieren werden? Es ist verständlich, das wir Zeiten der Ruhe genießen; aber wenn wir die Meditation als eine weitere Möglichkeit nutzen, um uns besser zu fühlen, und gleichzeitig erwarten, dass sie uns das tiefere Glück wahrer Zufriedenheit bringt, dann werden wir wahrscheinlich enttäuscht sein.

Aber es gibt viele Formen der Meditation, die kein Versuch sind, die Schwierigkeiten des Lebens zu umgehen. Einige davon können uns in der Tat nicht nur helfen, die Wurzeln wahren Glücks zu kultivieren, sondern uns auch in der Arbeit mit den Aspekten, die sie blockieren, unterstützen. Die Meditationsmethode, die in diesem Kapitel beschrieben wird, hat diese beiden Ziele. Es ist eine Form der Zen-Meditation, die ich schon viele Jahre lang übe. Am Ende des Kapitels gebe ich auch spezifische Anleitungen zur Meditation.

Meditatives Sitzen ist einer der besten Wege, um Geist und Körper zur Ruhe kommen zu lassen. Wenn wir in Stille und Schweigen sitzen, ist es unsere Absicht, mit unserer Erfahrung – *was auch immer* sie sein mag – so vollkommen präsent wie möglich zu sein. Es geht nicht darum, dass wir uns ruhig fühlen, obwohl das sicher geschehen kann, wenn sich Geist und Körper beruhigen. Das Entscheidende ist, dass wir *bewusst* sind, und dass wir die Fähigkeit kultivieren, in dem zu verweilen, was ist.

Der Weg der spirituellen Praxis fordert uns dazu auf, das Einfachste und gleichzeitig Schwierigste zu tun: still zu sitzen und präsent zu sein. Zu reflektieren, ohne zu denken. Dabei braucht es kein Handeln, lediglich Stille und Beobachten. In der Meditation lassen wir das, was sich zeigen will, kommen. Wir laden es ein. Wir heißen alles willkommen, einschließlich der Widerstände, der Langeweile, der Urteile, der endlosen mentalen Kreisläufe. Wir lassen sie kommen und beobachten sie. Wir denken nicht, wir analysieren nicht, wir urteilen nicht – wir beobachten und erfahren einfach.

Wenn sich Dinge zeigen, die wir nicht mögen, dann versuchen wir uns daran zu erinnern, dass diese Gedanken und Gefühle unsere Lehrer sind, weil wir von ihnen lernen können. Sie sind nicht unser Feind, den wir besiegen oder vor dem wir fliehen müssten. Mit anderen Worten, versuchen Sie nicht, Ihre Erfahrung zu verändern – seien Sie einfach bewusst. Beobachten Sie mit Neugier, während sich Ihre Erfahrung entfaltet, ohne zu versuchen, anders zu sein. Wenn wir dies tun, müssen wir nicht mehr aus unseren geliebten Selbstbildern leben – zum Beispiel ein ruhiger, klarer oder „kontrollierter" Mensch zu sein. Wir müssen also nicht „spirituell" erscheinen. Können wir stattdessen einfach nur anerkennen, wer wir sind – einschließlich all der sogenannten Fehler? Die Frage ist, ob wir unsere Vorstellungen der Perfektion aufgeben können.

Um es noch einmal zu betonen: Es geht darum, dass wir beobachten und reflektieren, ohne zu bewerten oder zu analysieren. Wenn wir all die Reflexionen unserer vielen Ichidentitäten beobachten – all die Wege, wie wir uns selbst zum Ausdruck bringen –, öffnet sich eine Möglichkeit, um uns selbst mit der Qualität der Güte zu begegnen – so, wie wir sind. Wir spüren nicht mehr das Bedürfnis, uns so sehr anzustrengen, um uns in einer bestimmten Weise zu zeigen. Wenn wir etwas Besonderes sein wollen, sind wir tief im Unglück gefangen. In der Meditation *beobachten* wir also einfach das Bedürfnis, jemand Besonderes zu sein, wir *bemerken* die Selbstbilder, an denen wir festhalten, und wir *fühlen,* was ist. Selbst wenn wir es nicht mit echtem Mitgefühl tun können, so können wir doch zumindest versuchen, es ohne Urteile zu tun.

Wenn wir einfach beobachten, müssen wir nicht mehr kämpfen, wir können mit dem Versuch aufhören, etwas zu beweisen und gut genug zu sein, um unser Empfinden des Mangels zu bedecken, den wir tief in uns tragen. Wenn wir zum ersten Mal zu kämpfen aufhören, spüren wir vielleicht Angst, oder es kommt uns merkwürdig vor, weil wir uns so an das Kämpfen gewöhnt haben. Wir spüren Angst, wenn wir das angenehme Gefühl des Bekannten verlassen. Aber wenn wir aufhören, uns anzustrengen oder versuchen, gut genug zu sein oder irgendwo hinzukommen, haben wir den Raum – die wirkliche innere Weite –, um in uns zu Hause zu sein. Eine der stärksten positiven Wirkungen der Meditationspraxis erfahren wir, wenn wir lernen, in uns zu Hause zu sein – und das ist keine leichte Aufgabe.

Wir müssen auch bedenken, dass die Meditationspraxis niemals eine gerade Linie zu einem festen Zielpunkt ist: Zeiten der

Klarheit wechseln oft mit Zeiten der Verwirrung; Entschlossenheit kann mit Entmutigung verbunden sein; und Momente mit dem Gefühl, ein Versager zu sein, wechseln sich ab mit Momenten der Vertiefung. Durch all diese Höhen und Tiefen hindurch bleibt die Übung die gleiche: den eigenen Geist im Atem ruhen lassen und den Atem vollkommen spüren. Wenn Sie den Atem erfahren können, lassen Sie Ihren Geist in der Umgebung ruhen – spüren Sie die Luft, hören Sie die Geräusche, fühlen Sie die Weite des Raumes. Und erfahren Sie das Gewahrsein des Atems und der Umgebung zusammen. Dieses zweifache Gewahrsein des Atems und der Umgebung ist unser Anker, und wir können das Gefühl der Präsenz spüren, wenn wir in dieser Erfahrung verweilen. Lassen Sie alles, was erscheint, in diesem weiteren Gewahrsein enthalten sein: die geistesabwesenden Tagträume, den Zwang, zu planen, den Drang nach Selbstgesprächen, die Momente der Ablenkung und selbst die Zeiten, in denen körperliche und emotionale negative Erfahrungen an Intensität gewinnen. Sobald wir uns in das Gewahrsein des Atems und der Umgebung niedergelassen haben, lassen wir unseren Geist in der Stille ruhen – also im Moment, so wie er ist –, und darin ist ausreichend Platz für das mentale Geplapper. Hier können wir uns daran erinnern, dass wir nicht in die Stille eintreten, indem wir es *versuchen*, sondern durch das ständige sanfte Bemühen, einfach hier zu sein.

Wenn wir uns der körperlichen Erfahrung des Atems und der Umgebung hingeben, dann nutzen wir die Erfahrung des Stillsitzens – was im Grunde bedeutet, dass wir nichts tun –, um unser Empfinden des wirklich Wahren und Wichtigen zu erwecken. Das zweifache Gewahrsein des Atems und der Umgebung wird zu einem Tor in die Wirklichkeit. Solange wir in der Blase unserer Gedanken und Urteile leben, trennen wir uns vom Geheimnis unseres Seins. Aber oft können wir uns allein schon durch eine stille Präsenz im Moment mit diesem Geheimnis verbinden; durch das Beobachten und das Reflektieren ohne Denken.

Wahrscheinlich haben Sie ein Gefühl der Leichtigkeit gespürt, als Sie sich selbst erlaubt haben, *einfach nur zu sein;* aber vielleicht haben Sie auch entdeckt, dass es sehr schwer ist. Warum? Weil eines unserer größten Probleme als Menschen unser überaktiver Geist ist. Immer wieder identifizieren wir uns mit dem denkenden Geist als das, was wir sind, statt ihn lediglich als einen nützlichen Teil von uns zu sehen. Wie oft bemerken wir, dass wir uns völlig mit unseren Gedanken und Emotionen identifiziert haben? Der Verstand ist im Grunde auf Überleben ausgerichtet; er sieht Erfahrungen als Probleme, die wir lösen müssen; er analysiert, organisiert, trifft Entscheidungen – nur, damit wir uns angenehm und sicher fühlen. Der Geist, und das Ego als ein Teil des Geistes, ist im Grunde daran interessiert, unsere Erfahrungen und unsere Welt zu kontrollieren. Das ist an sich nichts Schlechtes. In der Tat kann es uns helfen, uns durch die unvermeidlichen Schwierigkeiten zu navigieren, die wir als Menschen erfahren.

Aber das Problem dabei ist, dass der denkende Geist die Kontrolle übernimmt und unsere Welt zu einem geschützten Kokon – klein und eng – macht, und als Folge dessen trennen wir uns vom Leben. Wir sind nicht mehr in unserem Leben präsent. Statt einfach präsent zu sein, verfangen wir uns darin, bestimmte Gefühle zu haben und jemand Besonderes zu *sein*. Der Geist konzentriert sich darauf, Sicherheit, Schutz, Freude und vor allem Kontrolle zu fühlen. Viele von uns haben beispielsweise den tief sitzenden Glauben, dass wir nur durch Anstrengung und Handeln bekommen können, was wir wollen. Zumindest auf subtiler Ebene glauben wir, dass wir uns anstrengen müssen. Wir möchten uns selbst vielleicht nicht in dieser Weise sehen, aber die einfache Beobachtung wird zeigen, dass wir es den ganzen Tag über tun. Wir spüren das Bedürfnis, uns anzustrengen und anzutreiben, um die vermeintlichen Probleme in Ordnung zu bringen. Das basiert auf dem Ideal, aktiv zu sein, zu tun und produktiv zu sein – alles Einstellungen, mit denen wir etwas erreichen und die Dinge besser machen wollen.

In einigen Bereichen des Alltags kann das in Ordnung und sogar notwendig sein, aber wenn wir uns anstrengen, in einer gewissen Weise zu sein oder bestimmte Gefühle zu erfahren, dann führt das zu Spannung und Leid.

Aber wir können noch eine andere Form von Anstrengung entwickeln – eine Form der Anstrengung, die eher aus dem Herzen als aus dem Geist kommt. Dazu gehört, dass wir einfach *sind*, statt zu tun; statt etwas zu reparieren oder zu kontrollieren, neigen wir eher zu Offenheit und Empfänglichkeit. Statt zu versuchen, uns anzustrengen, wollen wir uns verbinden. Diese Dynamik ist das Herz der Meditationspraxis. Was geschieht zum Beispiel meistens, wenn wir uns zur Meditation hinsetzen? Denken wir nicht oft, dass etwas nicht stimmt, wenn unser Geist sehr beschäftigt ist? Und übersetzen wir den Gedanken, dass etwas nicht stimmt, nicht oft in den Glauben, dass etwas mit *uns* nicht stimmt? Und haben wir nicht zudem oft das Gefühl, dass wir etwas dagegen *tun* müssen? Als Folge dessen begeben wir uns gewohnheitsmäßig in den Modus des Reparierens.

Aber es gibt eine andere Möglichkeit, diesen sogenannten Problemen zu begegnen. Egal, was wir in unsere Meditation bringen, egal, wie wir uns fühlen – entweder körperlich oder emotional –, die Übung besteht darin, uns einfach hinzusetzen, anzuerkennen, was ist, und sich dem hinzugeben, was ist. Wir müssen es nicht „loslassen" – wir lassen es einfach da *sein*. Voraussetzung dafür ist die Erkenntnis, dass unsere Zustände des Körpers und Geistes keine Probleme sind, die gelöst, oder Hindernisse, die beseitigt werden müssen. Nur die Vorstellung, dass etwas nicht stimmt, bedeutet noch nicht, dass tatsächlich etwas nicht stimmt. Die Dinge sind einfach so, wie sie sind. Vor allem unsere Urteile darüber – unsere Erwartungen in Bezug darauf, wie die Dinge sein sollten – sind die Ursache endloser Schwierigkeiten.

Wenn wir zum Beispiel während der Meditation gelangweilt sind oder schläfrig werden, dann beurteilen wir oft unbewusst die Erfahrung als eine schlechte Meditationsperiode. Wenn wir unruhig oder ärgerlich werden, denken wir oft, dass wir ruhig werden müssen. Wenn wir verwirrt sind, suchen wir nach Klarheit. Aber tatsächlich ist es so, dass wir – egal, was erscheint – nur das, was geschieht, anerkennen müssen, um damit so präsent zu sein, wie wir können. Das grundlegende Prinzip ist hierbei, dass das Gewahrsein heilt.

Die Anleitung besteht also einfach darin, es sein zu lassen. Hier möchte ich klarstellen: Das ist *kein* passives oder vorgetäuschtes Loslassen; wir brauchen weiterhin die aktive Disziplin, um präsent zu bleiben, still zu sein und unsere Selbstbeobachtung zu präzisieren. Aber es gibt eine bestimmte Haltung des Geistes und Herzens, in der wir bereit sind, einfach hinzusehen und offen für das sind, was sich zeigen will. Wir sind neugierig, urteilen nicht mehr und leisten keinen Widerstand. Und wenn wir lernen, unseren Widerstand gegen das, was ist, aufzugeben, dann zeigt sich eine wachsende Bereitschaft, mit unseren sich wiederholenden Mustern, unseren kleinen menschlichen Dramen, der ganzen flüchtigen Geschichte zu sein, und wir können uns auf einer Ebene auch daran erfreuen. Schließlich lernen wir, wie wir uns unserer Erfahrung hingeben können, ohne in die Falle zu tappen und uns zu sehr damit zu beschäftigen. Wenn wir uns zur Meditation hinsetzen, können wir Angst erfahren. Sicher werden sich auch Widerstände und Entmutigung zeigen. Die Praxis besteht darin, die Gedanken zu sehen, die körperlichen Aspekte der Angst *zu fühlen* und uns des Atems und der Umgebung bewusst zu werden – und einfach alles da *sein* zu lassen. Was immer der Zustand unseres Geistes oder Körpers gerade sein mag, die Praxis besteht darin, wirklich zu fühlen, was da ist. Und während wir mit dem Atem und der Umgebung verweilen, lassen wir sie so sein, wie sie sind. Das Wichtige bei dieser Übung ist Folgendes: Egal, was wir fühlen, egal, was für uns erscheint, die Praxis besteht darin, die Gedanken, denen wir glauben, klar zu sehen. Wir fühlen wirklich die unmittelbare Erfahrung dessen, was ist, und verweilen darin. Und mit der Wahrnehmung des Atems und der Umgebung als unserem größeren Kontext lassen wir unsere Erfahrungen einfach sein.

In gewisser Weise ist diese Praxis ganz einfach. Aber es kann auch sehr schwierig sein, sie zu üben. Warum? Wie wir schon gesehen haben, ist der Geist einfach nicht darauf vorbereitet, Dinge einfach sein zu lassen. Er will seine Bilder, Meinungen und seine Urteile darüber, wie die Dinge sein sollten, einfach nicht loslassen. Er ist viel eher daran interessiert, zu analysieren, zu beurteilen, zu beschuldigen, zu kontrollieren und vor allem, die Dinge zu „verbessern". Aber wir können erkennen, dass wir in der Meditation nicht in einer bestimmten Weise *sein* müssen und auch nichts Besonderes *fühlen* müssen. Wenn wir das wirklich verstehen, sind wir von einer schweren Last befreit. Wenn wir dieses umfassendere Empfinden des Gewahrseins kultivieren, können wir uns unserer Meditation und unserem Leben öffnen.

Wahrscheinlich ist Beharrlichkeit die wichtigste Eigenschaft für die Meditationspraxis. Auf unserem langen Weg der Suche nach Zufriedenheit und Weisheit wird es ohne Zweifel viele Höhen und Tiefen geben. Es wird wahrscheinlich Zeiten der Entmutigung geben, in denen wir uns nicht einmal mehr erinnern, warum wir uns überhaupt auf den Weg begeben haben. Aber mit Beharrlichkeit können wir trotzdem unsere Praxis weiterführen, ungeachtet der Stimmung, in der wir sind, oder wie groß unsere Motivation in einem bestimmten Moment sein mag. In meiner Lehrtätigkeit betone ich die Eigenschaft der Beharrlichkeit mehr als jede andere. In der Tat sagte mir neulich ein Schüler, dass er sich vorstellt, dass das erste Wort, das ich nach meiner Geburt gesagt habe, das Wort Beharrlichkeit gewesen sein muss. Aber in Wahrheit brauchte ich viele Jahre, um diese Eigenschaft zu entwickeln.

Wir müssen immer wieder zu einem grundlegenden Verstehen zurückkommen: Die Praxis ist nur an einem Ort möglich – wenn wir genau in dem verweilen, was wir *jetzt* erfahren. Manchmal kann es hilfreich sein, die drei Fragen aus dem vorhergehenden Kapitel zu stellen: Bin ich jetzt wirklich glücklich? Was blockiert mein Glücklichsein? Kann ich mich dem, was ist, hingeben? Das ist eine hervorragende Möglichkeit, um die Aufmerksamkeit auf das zu konzentrieren, was im gegenwärtigen Moment vor sich geht. Insbesondere die letzte Frage berührt den Kern der Entwicklung von Präsenz und wahrem Glück. Wenn wir uns dem, was ist, hingeben – und lernen, zu verweilen und beharrlich zu sein –, entdecken wir den Schlüssel zu einer lebenslangen Meditationspraxis. Und darin beobachten wir einfach, was sich zeigt. Schließlich werden wir vielleicht erfahren, dass dies auch in einer leichteren und spielerischen Weise möglich ist.

Das objektive Beobachten dessen, was sich zeigt, war ein immer wiederkehrendes Motiv in unserer Untersuchung über das Aufdecken der Hindernisse zu wahrem Glück und bei der Kultivierung der Wurzeln des echten Glücklichseins. Beobachten hört sich vielleicht sehr einfach und direkt an, aber in Wirklichkeit besitzen wir eine außergewöhnlich ausgeprägte Fähigkeit, uns selbst im Weg zu stehen. Ein Beispiel: Ein Detektiv sollte drei Lehrlinge ausbilden. Die erste Aufgabe war, sie das Beobachten zu lehren. Einem Lehrling zeigte er das Bild einer gesuchten Person im Profil und sagte ihm, er solle es genau anschauen. Nach einigen Sekunden drehte der Detektiv das Bild um und fragte den Lehrling, wie er die Person wiedererkennen würde. Der Lehrling sagte: „Das ist einfach – er hat nur ein Auge."

Der Detektiv war überrascht und kam sofort zu dem Schluss, dass dieser Lehrling nie ein Detektiv werden würde. Er rief den zweiten Lehrling zu sich und zeigte auch ihm einige Sekunden lang das Foto. Dann fragte er ihn, was er beobachtet hatte, damit er die Person wiedererkennen könnte. Der zweite Lehrling sagte: „Ich würde ihn nie übersehen – er hat nur ein Ohr." Nun wurde der Detektiv ärgerlich. Er konnte sich nicht vorstellen, dass die beiden Lehrlinge so dumm waren, dass sie nicht wussten, dass sie ein Profilbild sahen.

Schließlich rief der Detektiv den dritten Lehrling und zeigte auch ihm das Foto und fragte, was er beobachtet hatte, um die Person wiedererkennen zu können. Nach einer Weile sagte der Lehrling: „Die gesuchte Person hat Kontaktlinsen." Der Detektiv war erstaunt und ging an seinen Computer, um die Daten der fraglichen Person anzuschauen. Er war überrascht, als er herausfand, dass die Person in der Tat Kontaktlinsen trug. Der Detektiv ging wieder zum Lehrling und sagte ihm, dass er sehr beeindruckt sei. Dann fragte er: „Wie konnten Sie solch eine genaue Beobachtung machen?" Der Lehrling antwortete: „Das ist einfach – er kann keine Brille tragen, weil er nur ein Auge und ein Ohr hat."

Zugegeben, dieses Beispiel ist absurd, aber wenn wir uns selbst lange genug beobachten, werden wir sehen, dass wir manchmal genauso absurd sein können. Insbesondere in der Meditation wird schließlich alles hochkommen, einschließlich der Dinge, die wir nicht sehen wollten. Aber wenn wir in unserer Praxis beharrlich sind, können wir lernen, unsere Neurosen und Eigenarten ohne den Filter unserer Urteile zu sehen. Stattdessen können wir sie mit einer gütigen Toleranz betrachten. Wir können sogar Humor entwickeln über die Absurdität des menschlichen Verhaltens, einschließlich unseres eigenen Verhaltens. Es ist eine der vielen positiven Wirkungen der Meditationspraxis, dass sie uns in die Lager versetzt, über uns selbst zu lachen. Es ist zudem ein Zeichen spiritueller Reife. Meiner tiefen Überzeugung nach ist heitere Beharrlichkeit einer der Schlüssel zu einem fruchtbaren spirituellen Leben. Wenn wir das wirklich lernen, wird es uns möglich, im Kontext der Meditationspraxis mit fast allem umzugehen.

Um ein Leben des wahren Glücks zu erfahren, ist also die Beharrlichkeit in der Meditationspraxis entscheidend. Dies ist unsere wichtigste Erkenntnis. Wenn wir lernen, in der Stille, im Schweigen, im *Nur-Sein* zu verweilen, können wir die Kostbarkeit erfahren, die sich zeigt, wenn wir nichts tun. Das ist kein Zustand der

Faulheit, in dem wir einfach daliegen und uns gut fühlen. Hedonismus wird schon bald seinen Reiz verlieren, denn er wurzelt darin, dass wir versuchen, unser Verlangen zu befriedigen: Es kann aber nie vollkommen zufriedengestellt werden. Wenn wir zudem die Tendenz des Verlangens nähren, garantieren wir unser andauerndes Unglück. Die tiefere Kostbarkeit des Nicht-Tuns setzt die Fähigkeit voraus, dass wir einfach mit uns selbst präsent sein können – wir versuchen nicht, irgendetwas zu tun, beschäftigt zu sein oder Vergnügen zu finden, um eine innere Leere zu füllen. Stattdessen erlaubt uns das Sitzen in Meditation, *nur zu sein*. Das ist auch inmitten unangenehmer Erfahrungen so. Wenn wir uns von der Geschichte unserer Gedanken – über Vergangenheit und Zukunft – trennen können und uns stattdessen der Unmittelbarkeit der körperlichen Erfahrung unseres Lebens zuwenden, können wir uns mit einem Gefühl der Präsenz und der Offenheit verbinden, das eine der wichtigsten Wurzeln wahren Glücks ist.

Grundlegende Anleitungen zu Meditation

Wenn möglich, ist es ratsam, jeden Tag am selben Platz zu meditieren. Idealerweise sollte der Raum aufgeräumt und so ruhig wie möglich sein.

Es ist auch hilfreich, jeden Tag zur gleichen Zeit zu meditieren, um die Disziplin zu unterstützen, die notwendig ist, um vorübergehende Trägheit oder mangelnde Motivation zu überwinden.

Für viele Menschen ist es eine Unterstützung, wenn sie einen kleinen Altar haben. Zudem kann es unsere Motivation verstärken, wenn wir eine Kerze oder ein Räucherstäbchen anzünden oder ein inspirierendes Bild oder ein Zitat auf den Altar stellen.

Idealerweise meditieren Sie jeden Tag. Sie sollten aber mindestens drei oder vier Mal in der Woche meditieren. Wenn Sie mit Ihrer Meditationspraxis beginnen, können Sie zunächst nur

15 Minuten sitzen, aber Sie sollten nach und nach die Zeit auf 30 oder 40 Minuten verlängern.

Egal, ob Sie auf einem Kissen oder einem Stuhl sitzen, es ist hilfreich, in einer aufrechten, aber entspannten Haltung zu sitzen. Aufrechtsein hilft uns, den Geist wach zu halten, während die Entspanntheit unnötige Anspannung verhindert.

Die Augen sollten offen, der Blick aber leicht nach unten gerichtet sein. Am besten ist, wenn wir „weiche Augen" oder einen peripheren Blick haben, bei dem wir nicht direkt einen bestimmten Punkt fixieren. Der Grund, warum die Augen offen gehalten werden, ist, dass wir mit geschlossenen Augen zu leicht in einen traumhaften Zustand geraten können. Das fühlt sich vielleicht angenehm an, ist aber nicht vereinbar mit dem Wachsein und Gewahrsein, den zwei wichtigsten Stützen der Meditationsübung.

Beginnen Sie, indem Sie einige tiefe Atemzüge nehmen, um das Gewahrsein in den Körper zu bringen.

Um dann Körper und Geist zu beruhigen, richten Sie Ihre konzentrierte Aufmerksamkeit auf den Atem. Spüren Sie die besonderen Körperempfindungen, wenn der Atem in den Körper eintritt und ihn wieder verlässt. Wenn der Atem herein- und hinausgeht, können Sie sich beispielsweise auf den Bereich in der Mitte des Brustraums konzentrieren. Seien Sie, solange Sie können, mit der körperlichen Erfahrung des Atmens präsent. Seien Sie sich dabei der Tendenz bewusst, dass die Aufmerksamkeit ins Denken, in Tagträume oder ins Planen abschweift.

Während einer einzigen Sitzperiode werden Sie vielleicht Hunderte Male in Gedanken abschweifen. Das ist ganz normal und es gibt keinen Grund, dass Sie sich selbst deshalb als schlechter Meditierender verurteilen. Jedes Mal, wenn Sie bemerken, dass Sie sich im Denken verloren haben, können Sie einfach zur körperlichen Empfindung des Atmens zurückkehren.

Fortgeschrittene Anleitungen

In den frühen Stadien der Praxis ist es in Ordnung, wenn wir eine ganze Meditationsperiode lang dem Atem folgen. Aber wenn der Geist und der Körper ruhiger werden, ist es gut, wenn wir das Gewahrsein erweitern, um auch andere Empfindungen im Körper und die Wahrnehmungen aus der Umgebung zu umfassen, wie beispielsweise Geräusche und die Beschaffenheit der Luft. Dadurch können wir uns von einem sehr konzentrierten Gewahrsein allein auf den Atem zu einem offeneren Zustand des Gewahrseins bewegen. Gedanken werden sicher weiter auftauchen und wir können sie wenn nötig bemerken und benennen. Dann hindern wir sie daran, sich auszubreiten, indem wir zum Gewahrsein des Atems und der Wahrnehmungen aus der Umgebung zurückkehren.

Wenn Sie bemerken, dass Sie in Gedanken gefangen sind, ist es hilfreich, für mindestens drei Atemzüge zum Präsentsein zurückzukommen. Der erste Atemzug stabilisiert wieder das Gewahrsein für den Atem selbst; der zweite stabilisiert das Gewahrsein für die Umgebung; und der dritte verbindet uns wieder mit einem allgemeinen Gewahrsein des Atems *und* der Umgebung zusammen. Auch wenn Sie während einer Sitzperiode Dutzende Male zu diesen drei Atemzügen zurückkehren müssen, wird das zweifache Gewahrsein des Atems und der Umgebung die feste Grundlage Ihrer Meditationspraxis werden.

Wenn Emotionen aufsteigen, die unsere Aufmerksamkeit fordern, ignorieren oder umgehen wir sie nicht. Stattdessen richten wir das Gewahrsein auf die körperlichen Ausdrucksformen der Emotion, dabei ist dieser Prozess im größeren Gefäß des Gewahrseins des Atems und der Umgebung enthalten. Meditierende beurteilen eine Meditationsperiode oft als schlecht, wenn Sie sich nicht konzentrieren können oder wenn sie sich nicht gut fühlen. Aber eine der stärksten positiven Wirkungen der Meditation zeigt sich, wenn wir trotzdem weitermachen, egal, wie wir uns fühlen.

Schließlich werden Sie etwas lernen können und Ruhe erfahren. Und nach und nach wird das Empfinden von Präsenz und Gelassenheit, das durch die tägliche Meditationspraxis kultiviert wird, unseren Alltag durchdringen.

9 Dankbarkeit

Eines meiner buddhistischen Lieblingszitate ist das folgende: „Erheben wir uns und seien wir dankbar. Denn wenn wir heute nicht viel gelernt haben, so haben wir doch zumindest etwas gelernt. Und wenn wir nichts gelernt haben, so sind wir zumindest nicht krank geworden. Und wenn wir krank geworden sind, so sind wir zumindest nicht gestorben. Lasst uns also alle dankbar sein."

Dankbarkeit ist eine der Früchte eines Lebens aus wahrem Glücklichsein. Gleichzeitig erwächst Dankbarkeit aus einem inneren Samen in unserem Wesen – ein Same, der kultiviert werden kann. Es gibt ein Zitat von Meister Eckhart, das beschreibt, wie wichtig diese Qualität ist: „Es wäre genug, wenn das einzige Gebet, das du in deinem Leben sprichst, ‚Danke' wäre." Wenn wir die Tiefe dieser Lehre wirklich verstehen würden, wäre das alles, was wir wissen müssten. Leider können wir uns nicht einfach sagen, wir sollten dankbar sein und erwarten, dass es geschieht, aber es ist ganz sicher eine Qualität, die wir kultivieren können.

Dankbarkeit wird oft als eine Haltung des Dankes beschrieben. Sie wird auch als eine wertschätzende Haltung beschrieben, in der wir anerkennen, dass etwas Gutes geschieht. Aber wie oft müssen wir wirklich dankbar sein? Wahrscheinlich spüren wir

Dankbarkeit, wenn etwas wirklich „Gutes" geschehen ist, aber wie dankbar sind wir für die Dinge, die wir eher als neutral oder gar schlecht sehen? Wie dankbar sind wir für etwas so Einfaches und Grundlegendes wie jeden Atemzug? Wie dankbar sind wir für unsere Fähigkeit der liebenden Güte. Wie dankbar sind wir für die ganze Reise des Erwachens *einschließlich* der Schwierigkeiten?

Dankbarkeit ist einer der grundlegenden Aspekte des wahren Glücklichseins, denn wenn wir nicht für das, was wir haben, dankbar sind, werden wir immer wollen, dass das Leben anders ist, als es ist – eine Forderung, die ganz sicher unser Unglücklichsein garantiert. Es gibt ein tibetisches Sprichwort, das sagt: „Sei jedem dankbar." Was wird hier von uns erwartet – denn es hört sich unrealistisch, wenn nicht unmöglich an? Sollen wir für unseren Mitbewohner dankbar sein, der die Spüle nicht sauber macht, oder für unseren Chef, der uns keine Anerkennung gibt? Sollen wir etwa jemandem dankbar sein, der uns kritisiert? – Genauso ist es! Denn aus Sicht der spirituellen Praxis ist jeder und alles, was uns an unsere Grenze bringt – an den Ort, wo wir feststecken und über den wir nicht hinausgehen wollen – unser Lehrer. Er bringt uns genau an den Ort, wo das tiefste Lernen geschehen kann.

Nehmen wir das Beispiel des Mitbewohners, der die Spüle nicht sauber macht. Warum sollten wir dankbar sein? Weil uns der Mitbewohner genau darauf hindeutet, wo wir feststecken – in unserem Ärger, in unseren Urteilen darüber, wie die Dinge sein sollten, in unserer Selbstgerechtigkeit. Und wie ist es bei dem Menschen, der uns kritisiert? Warum sollten wir dankbar sein? Weil uns die Situation die Möglichkeit gibt, uns der Verletztheit und Angst zuzuwenden, die wir sonst wahrscheinlich ignorieren würden – genau die Angst und Verletztheit, die uns daran hindern, wahres Glück zu erfahren.

Aber wie oft erinnern wir uns tatsächlich daran, dass diese schwierigen Situationen unsere besten Lehrer sind? Meistens sind wir darin gefangen, dass wir unseren eigenen Erwartungen glauben, die uns sagen, wie das Leben sein sollte. Das ist eine unserer üblichsten Umwege, um uns von der Wirklichkeit abzulenken, wobei wir uns aber auch vom wahren Glück ablenken. Wir erwarten, dass uns andere Menschen wertschätzen, retten oder zumindest nicht kritisieren. Wir erwarten, dass das Leben eine bestimmte Richtung einschlagen wird – in Bezug auf unsere Finanzen oder unsere Gesundheit. Aber damit ist garantiert, dass wir immer wieder Enttäuschungen statt Dankbarkeit erfahren werden. Kurz gefasst können wir sagen: Wenn wir in der auf Gedanken basierenden Welt der Erwartungen gefangen sind, werden wir immer das Unglücklichsein des denkenden Geistes erfahren, der uns ständig sagt, dass der gegenwärtige Moment nicht das ist, was er sein sollte.

Übungen, um Dankbarkeit zu entwickeln

Obwohl Dankbarkeit eine unschätzbare Eigenschaft ist, ist es kaum hilfreich, wenn wir es zu einem Ziel oder Ideal machen, das wir erreichen wollen. Wenn wir uns selbst sagen, wir sollten dankbar sein, dann schaffen wir nur ein weiteres mentales Bild, aus dem wir dann leben und hoffen, dass es uns Glück bringen wird. Aber wenn wir dem Glück nachjagen, werden wir kein Glück erfahren; dieses Verhalten stärkt vielmehr den Geist des Verlangens und blockiert jedes Empfinden von wahrer Wertschätzung oder Dankbarkeit für das Leben. Aber es ist tatsächlich möglich, Dankbarkeit zu entwickeln, ohne sie zu einem Ideal zu machen. Im Folgenden gebe ich Ihnen zwei Übungen, die ich als sehr hilfreich empfunden habe, und die Sie vielleicht einmal ausprobieren möchten.

Abendreflexion

Die Abendreflexion ist eine entspannte Meditation, die man kurz vor dem Schlafengehen übt. Ich übe Sie, während ich auf dem Rücken im Bett liege, die Hände habe ich auf dem Bauch gefaltet.

Die Augen können offen oder geschlossen sein. Es ist am besten, wenn Sie diese Übung jeden Abend ungefähr zur gleichen Zeit praktizieren können. Besonders wichtig ist, dass Sie sie üben, bevor Sie zu müde sind.

Die Absicht der Abendreflexion besteht darin, die wichtigsten Ereignisse des Tages zu erinnern, beginnend mit der ersten Erinnerung vom Morgen. Während der Abendreflexion müssen wir darauf achten, dass wir nicht ins Denken, Analysieren, Assoziieren oder Urteilen gezogen werden. Bei der Reflexion sollten wir uns einfach erinnern – oder so objektiv wie möglich im Rückblick beobachten –, was sich *wirklich* ereignet hat.

Wenn Sie den Rückblick beendet haben, fragen Sie sich selbst: „Wofür bin ich zutiefst dankbar?" Und dann kann der Geist die Erfahrungen während des Tages hervorheben, die Sie wertschätzen, obwohl Sie es währenddessen gar nicht wahrgenommen haben. Wenn wir regelmäßig die Abendreflexion üben, werden wir nicht nur während der Meditation selbst dankbarer, sondern wir werden auch im Laufe des Tages bewusster und empfänglicher. Wenn wir durch unsere täglichen Routinen gehen, bemerken wir, dass kurze positive Momente oft gar nicht wahrgenommen werden, oder wenn sie wahrgenommen werden, sind sie schon bald wieder vergessen. Aber wenn wir uns mehr auf das einstellen, was wirklich während des Tages geschieht, beginnen diese Momente aufzufallen, und dadurch erhöht sich die Wahrscheinlichkeit, dass im gegenwärtigen Moment Dankbarkeit aufsteigen wird.

Thich Nhat Hanh, der bekannte vietnamesische Zen-Meister, spricht darüber, wie Achtsamkeit oder Gewahrsein im Alltag die Dankbarkeit verstärken kann. Er weist beispielsweise darauf hin, dass wir in einer Haltung des Gewahrseins sogar die einfachste Sache bemerken: wie das Drehen an einem Wasserhahn uns Wasser bringt. Statt also fließendes Wasser als selbstverständlich zu nehmen, wie es die meisten von uns tun, kultivieren wir Gewahrsein und Wertschätzung. Schließlich ist es ganz sicher nicht unser Geburtsrecht, sauberes fließendes Wasser zu haben. Der Großteil der Menschen in der Geschichte und sogar viele Millionen Menschen heute haben diesen Luxus nicht. Durch das Gewahrsein können wir solche Dinge wertschätzen und wir erkennen auch unsere Erwartungshaltung. Aber allein schon durch absichtsvolle Praxis, wie die abendliche Praxis des Rückblicks auf den Tag und die Reflexion darüber, wofür wir am dankbarsten sind, können wir das Gewahrsein aktiv entwickeln, das notwendig ist, damit diese Form der Dankbarkeit zu einem integralen Teil unseres Alltags werden kann.

Ein Tag des Dankens

Eine andere Praxis, die uns helfen kann, Dankbarkeit zu entwickeln, besteht darin, uns immer wieder einen ganzen Tag Zeit zu nehmen, um langsamer zu werden und danke zu sagen – mit drei Atemzügen. Wir danken *allem*, was uns begegnet – egal, was es ist. Die Anleitung dazu ist ziemlich einfach: Zu verschiedenen Zeiten des Tages tun Sie Folgendes:

1. Innehalten – beenden Sie für drei Atemzüge jede Tätigkeit
2. Atmen – bringen Sie das Gewahrsein in die Mitte des Brustraums, spüren Sie den Atem
3. Danken – öffnen Sie sich dem, *was anwesend ist*

Diese Praxis zeigt uns die vielen Dinge, für die wir *nicht* dankbar sind. Obwohl es unserer Intuition zu widersprechen scheint, ist es die Wahrheit: Jedes Mal, wenn uns etwas irritiert oder Angst macht oder wenn etwas Unangenehmes geschieht, haben wir die Gelegenheit, zu erkennen, wo wir unserer Dankbarkeit Grenzen setzen – zum Beispiel wo wir immer noch in unseren eigenen Erwartungen gefangen sind.

Aber manchmal ist die Enttäuschung aufgrund durchkreuzter Erwartungen so groß, dass Dankbarkeit völlig unerreichbar wird.

Ein Beispiel: Es war einmal ein Prinz, der jedes Jahr mit einem bösen Fluch belegt wurde. Der Fluch bestand darin, dass er in diesem Jahr nur ein Wort sagen durfte. Aber wenn er in einem Jahr sein Wort nicht benutzte, konnte er im nächsten Jahr zwei Wörter sprechen. Eines Tages sah der Prinz die Prinzessin seiner Träume und verliebte sich Hals über Kopf. Er wollte so gern zu ihr gehen und einfach sagen: „Mein Liebling." Er entschied sich also, zwei Jahre zu warten, um mit ihr zu sprechen.

Nach den zwei Jahren fiel ihm ein, dass er auch „Ich liebe dich" sagen möchte. Das bedeutete, dass er weitere drei Jahre warten musste, aber er war sich sicher, dass es das wert war. Und so war es auch: Nach fünf Jahren war seine Liebe immer noch so stark und es wurde ihm klar, dass er sie heiraten wollte. Aber um zu sagen: „Willst du meine Frau werden?", musste er weitere fünf Jahre warten.

Nach den zehn Jahren kam der Prinz voller Glück zur Prinzessin, beugte sich auf ein Knie und sagte: „Mein Liebling, ich liebe dich. Willst du meine Frau werden?"

Die Prinzessin sah ihn an und sagte: „Entschuldige, was hast du da gerade gesagt?"

Wenn wir solche Erwartungen wie der Prinz haben und dabei sehr am Ergebnis anhaften, ist Enttäuschung vorprogrammiert, und es wird sehr schwer, sich mit Dankbarkeit zu verbinden.

Sicher sind die Dinge meistens nicht so extrem, aber selbst in Momenten, die nicht so schrecklich sind, ist es manchmal schwer, Dankbarkeit zu empfinden. Zudem war ich oft erstaunt, wie oft ich „danke" gesagt habe, ohne auch nur ein bisschen Dankbarkeit zu spüren. Wenn wir andererseits die eintägige Praxis des Dankens üben, selbst dann, wenn es schwerfällt, wird in unserem Innersten Dankbarkeit wachgerufen werden. Und wenn wir mit all den Aspekten arbeiten, die der wahren Dankbarkeit entgegenstehen, zeigt sich oft ganz natürlich ein echtes Empfinden der Wertschätzung. Schließlich fühlt sich das Präsentsein für drei Atemzüge der Dankbarkeit wie ein erfrischender Schluck Wirklichkeit an. Wir erkennen auch, dass es möglich ist, innerlich dankbar (und wahrhaft glücklich) zu sein, selbst dann, wenn unser äußeres Leben nicht gut läuft.

Diese zwei Übungen – die Abendreflexion und ein Tag des Dankens – erlauben uns, langsam (und vielleicht mit Widerwillen) die Geschichte des „Ich" – was das Ich will – loszulassen, damit das Wunder und die Freude unserer grundlegenden Dankbarkeit ein natürlicher Teil unseres Lebens werden kann. Wir sind sehr gut darin, das Falsche zu sehen – bei uns selbst und anderen –, aber durch diese Übungen können wir immer mehr das Richtige sehen. Dankbarkeit für das Leben selbst – dass wir in der Lage sind, im gegenwärtigen Moment eine Freude und Erfüllung zu spüren – ist eine der wichtigsten Wurzeln wahren Glücks. Wir können verstehen, dass wahres Glück etwas sehr Gewöhnliches sein kann, wie in den kleinen Momenten der Präsenz, wenn wir einem anderen Menschen mit einem Augenzwinkern begegnen und einen kurzen Geschmack von Verbundenheit erfahren.

Wie Dankbarkeit zum Weg werden kann

Mit der Zeit können wir lernen, Dankbarkeit in subtiler Weise als einen natürlichen Teil unseres Lebens zu integrieren. Vor Kurzem fuhren Elizabeth und ich nach London und Paris. Wir wollten eine andere Form von Urlaub erleben – mehr wie ein persönliches Retreat als ein Urlaub –, wo wir etwas innehalten konnten und tiefer in unsere eigene Praxis gingen, während wir uns inmitten täglicher Aktivitäten befanden. Obwohl wir viele Dinge taten, die Spaß machten, hielten wir uns von den bekannten touristischen Attraktionen fern. Stattdessen besuchten wir schöne Parks, meditierten in alten, mächtigen Kathedralen und gingen zu Konzerten. Diese Erfahrungen brachten mich dazu, über die Tatsache zu reflektieren, dass wir oft darüber sprechen, mit Schwierigkeiten präsent zu sein, aber nur selten darüber, wirklich präsent zu sein, wenn wir Freude empfinden.

In London gibt es zum Beispiel mindestens drei wunderbare Parkanlagen – die Kensington Gardens, den Regent's Park und insbesondere die Key Gardens. Und in anderer Weise wunderbar ist der Jardin du Luxembourg in Paris. Wir haben viele Stunden damit verbracht, durch diese Gärten zu streifen und oft gingen wir dabei sehr langsam. Manchmal meditierten wir in Stille, aber meistens nahmen wir nur die Schönheit in uns auf – die blühenden Blumen, die vielen verschiedenen Schattierungen des Grüns, die Bäume, die fast mit einem sprechen. Und ich erkannte, dass der Schlüssel, um in solchen Momenten Dankbarkeit zu fühlen, sehr einfach ist – es geht lediglich darum, aus dem Kopf zu kommen und sich der reichen Welt der sinnlichen Erfahrungen in der Umgebung zu öffnen.

Ein anderes Beispiel der inneren Wertschätzung, die sich einstellt, wenn wir für die äußere Welt vollkommen präsent sein können, ist das Herumstreifen in den Straßen von Paris, was wir beide so gern tun. Wir bestaunen die Gebäude, beobachten Menschen und haben kein Ziel und tun nichts Besonderes, wir sind einfach präsent bei dem, was da ist. Der Schlüssel zu dieser Form von Wertschätzung ist das, was der Zen-Meister Suzuki Roshi als Anfänger-Geist bezeichnet hat. Darin öffnen wir uns einfach, um unsere Erfahrung in uns aufzunehmen, ohne sie schon vorher zu beurteilen oder irgendetwas zu kontrollieren.

An einem Abend in Paris gingen wir Swing tanzen. Der Ort, den wir dazu besuchten, war ein kleines Kellerlokal, in dem eine Boogie-Woogie-Band spielte. Fast alle dort waren ziemlich jung und zunächst spürte ich, wie sich ein Anflug von Befangenheit einstellen wollte – ein Gefühl, bei dem es nur um das Ich geht und das nur aus dem Kopf kommt. Aber wir beide waren scheinbar in der Lage, all die Selbstbilder loszulassen und einfach Spaß zu haben, als wir miteinander tanzten. Wir sind beide ziemlich gut im alten Jitterbug-Stil, aber das Wichtige war nicht, dass wir gut waren, sondern dass wir nicht *versuchten,* gut zu sein oder etwas Besonderes zu sein. Das erlaubte es uns, einfach da zu *sein.*

Ich versuche hier zu beschreiben, was es bedeutet, den Geist der Meditation in den Alltag zu bringen – *Zen zu sein* oder die Kostbarkeit des Augenblicks wertzuschätzen. Wenn wir wach und dankbar inmitten dieser alltäglichen Freunden sind, geht es nicht darum, dass wir ein emotionales Hoch erleben, sondern das Entscheidende ist vielmehr ein Empfinden von Präsenz.

Diese Form der Dankbarkeit umfasst ein größeres Empfinden der Wirklichkeit, das wir ganz sicher in den großen Parks und in den alten Kathedralen erfahren haben – und dazu erfuhren wir ein feines Gewahrsein der flüchtigen Natur der Dinge. Wenn wir uns dessen bewusst sind, wie schnell sich das Leben verändern kann – dass das Eis unter unseren Füßen in jedem Moment brechen kann –, dann erfahren wir ein Gefühl von Ergriffenheit angesichts der kurzen Zeit, die uns auf Erden bleibt. Oft erleben wir diese Ergriffenheit, wenn jemand, der uns nahesteht, schwer krank ist oder stirbt. Aber dieses Gewahrsein, dass das Leben kurz ist, muss uns nicht entmutigen oder zu der zynischen oder bitteren Schlussfolgerung führen, dass alles egal ist. Wir haben trotzdem dieses Leben – egal, wie kurz es sein mag –, um es *zu leben*.

Wichtig ist, wie wir die Zeit, die wir haben, nutzen. Um ein Leben zu leben, das in sich wertvoll ist, müssen wir präsent sein – indem wir nicht länger an unseren Schutzmechanismen und Vortäuschungen, an unserer kleinen Bequemlichkeit und unseren flüchtigen Zielen festhalten. Diese Präsenz verstärkt die Erfahrung von Dankbarkeit für den wahren Wert jeder Erfahrung, einschließlich der Erfahrungen, für die wir normalerweise nicht dankbar wären.

Ich erfahre zum Beispiel regelmäßig einen Ausbruch meiner Autoimmunkrankheit, deshalb bin ich besonders dankbar, wenn ich in der Lage bin, spazieren zu gehen, zu kochen oder mit gekreuzten Beinen zu meditieren – Aktivitäten, die ich nicht tun kann, wenn es mir nicht so gut geht. Aber ich habe gelernt, sogar während der Ausbrüche dankbar zu sein, weil diese langen Perioden der Ruhe und Inaktivität Zeiten sind, in denen ich mich am tiefsten dem Herzen hingeben und darin verweilen kann. Wichtig dabei ist, dass Dankbarkeit das weite Spektrum der menschlichen Erfahrungen umfassen kann – von den emotionalen Höhen des persönlichen Glücks bis zu den Tiefen unseres Leidens –, wenn wir uns dem gegenwärtigen Moment öffnen können.

Es ist nicht schlimm, wenn wir uns an persönlichem Glück erfreuen, aber es ist wichtig, dass wir persönliches Glück nicht mit dem tieferen und ursprünglicheren Glück der wahren Zufriedenheit verwechseln – ein Glück, das nicht auf angenehmen äußeren Umständen beruht. Wenn wir wacher und präsenter sind, können wir die Freude, die wir in Momenten des persönlichen Glücks empfinden, noch mehr wertschätzen. Das sind die reichen stillen Freuden des *Hierseins,* wenn sich das Leben dynamisch und manchmal sogar leuchtend anfühlt. Aber wenn wir blind gefangen sind – selbst in Vergnügungen und Ablenkungen – und es kein Empfinden der Präsenz gibt, können wir das Staunen und die Dankbarkeit leicht verpassen.

Es ist sicher wahr, dass Dankbarkeit natürlich erscheinen kann, wenn wir glücklich sind; in diesem Sinne ist sie ein integraler Teil der Erfahrung des Glücks. Aber es ist auch wahr, dass wir Dankbarkeit bewusst entwickeln können – als eine der wichtigsten Wurzeln wahren Glücks – ungeachtet der äußeren Umstände unseres Lebens. Wenn wir Übungen wie die Abendreflexion oder einen Tag des Dankens zusammen mit anderen Übungen des Gewahrseins nutzen, können wir in unserem Leben Dankbarkeit erfahren. Und wenn es immer leichter für uns wird, Dankbarkeit zu erfahren, werden wir auch das natürlich hervorströmende wahre Glück finden.

TEIL 3

Das Glück kultivieren

Aus dem Herzen geben

10 Großzügigkeit des Herzens

Vor vielen Jahren habe ich ein Sprichwort gehört, das ungefähr so lautete:

> Wenn du für eine Stunde glücklich sein willst, dann iss eine gute Mahlzeit;
>
> Wenn du einen Tag lang glücklich sein willst, gib dich der Liebe hin;
>
> Wenn du ein Jahr lang glücklich sein willst, dann heirate;
>
> Wenn du ein Leben lang glücklich sein willst, lebe ein aufrichtiges Leben.

Der letzte Satz erschien mir nicht ganz zufriedenstellend, deshalb habe ich mehrere Wochen lang darüber reflektiert, ihn hinterfragt, mit ihm gerungen, bis eines Tages die Antwort, nach der ich gesucht hatte, zu mir kam: „Wenn du ein Leben lang glücklich sein willst, gib dich anderen."

Ein Leben, in dem wir nur etwas für uns bekommen wollen, ist eine der Hauptquellen unseres Unglücks. Die Alternative dazu ist das Geben aus der Großzügigkeit des Herzens. Wenn wir uns wirklich jemandem geben, der Hilfe braucht – ob er nun hungrig oder krank ist oder auf andere Weise Mangel leidet –, erfahren wir die Dankbarkeit eines Lebens aus dem erwachten Herzen. Wir spüren die Erfüllung, die daher rührt, dass wir aus einem Empfinden unserer grundlegenden Verbundenheit handeln können. Wenn wir hingegen etwas mit der Erwartung geben, dass uns jemand etwas zurückgibt, dann fördern wir Enttäuschung oder Wut – Reaktionen, die letztendlich zum Unglücklichsein führen.

Seit vielen Jahren begleitet mich ein Satz aus *A Farewell to Arms* von Ernest Hemingway: „Liebe ist der Wille, etwas für jemanden zu tun." Unser tiefstes Glück entsteht, wenn wir von diesem Ort aus leben und uns nicht nur um uns selbst kümmern, sondern auch um das Wohlergehen anderer. Aber obwohl wir wissen, dass wir glücklicher sind, wenn wir etwas für andere tun, zeigen Forschungen ein anderes Bild: Wenn wir die Wahl haben, etwas Selbstbezogenes oder etwas Altruistisches zu tun, werden wir meistens die selbstbezogene Alternative wählen. Wie diese Studien zeigen, tun wir traurigerweise nicht immer das, was uns glücklich macht. Obwohl das tiefste Glück aus dem Geben kommt, konzentrieren wir uns meistens auf die selbstbezogene Suche nach unserem eigenen Glück. Deshalb fühlen wir uns weiterhin getrennt und halten unsere Schutzmechanismen aufrecht – und garantieren so unser Unglücklichsein.

Oft müssen wir in unserem selbstbezogenen Leben eine tiefe Enttäuschung erfahren, damit der Wunsch nach dem Glück anderer erwacht. Wenn dann dieser Wunsch entstanden ist, können wir durch das Geben aus dieser natürlichen Großzügigkeit aus unserem chronischen Zustand der Trennung herauskommen und ein Empfinden der Verbundenheit mit anderen kultivieren. Das Geben aus der Großzügigkeit des Herzens ist eine wichtige Wurzel des echten Glücks der wahren Zufriedenheit.

Oft ist es aber nicht so klar, wie wir aus der natürlichen Großzügigkeit des Herzens geben können. In den frühen 1990er Jahren flog ich einmal nach einem Meditationsretreat wieder nach

Hause, und während das Sonnenlicht durch die Fenster schien, durchflutete mich ein tiefes Empfinden von Klarheit und Frieden. Die Erfahrung war nicht deshalb so bemerkenswert, weil sie angenehm war, sondern weil sie von einer „Stimme" begleitet wurde, die mir sagte: „Du musst einen Schritt tun – halte dich nicht länger aus Angst zurück!" Ich fragte nicht, woher diese Worte kamen: Irgendwie wusste ich einfach, dass sie wahr waren. Aber ich wusste *nicht*, was ich nun als Nächstes tun sollte, deshalb legte ich die Botschaft sozusagen in die hintere Ablage meines Geistes und wartete. Nach wenigen Wochen fragte mich die Hospizorganisation, bei der ich ehrenamtlich tätig war, ob ich Gruppen leiten könnte, in denen die Mitarbeiter lernen, wie man Meditation nutzen kann, um mit Burn-out umzugehen. Ich war damals noch kein Zen-Lehrer, deshalb war das ein großer Schritt für mich, vor allem weil mich meine eigenen Unsicherheiten zögern ließen, aus meinem geschützten Kokon zu kommen. Aber es war auch klar, dass das genau die Richtung war, in die ich gehen musste.

Als das achtwöchige Programm, das ich unterrichtete, vorbei war, begann ich mit einer längerfristigen Meditationsgruppe für diejenigen, die weiterüben wollten. Und wieder musste ich mit meinen eigenen Ängsten und Selbstzweifeln arbeiten, obwohl meine damalige Lehrerin (Charlotte Yoko Beck) die Entscheidung unterstützte und mich zum Lehren autorisierte. Zurückblickend denke ich, dass ich es auch ohne diese Autorisierung getan hätte, weil mir klar war, dass ich etwas zu geben hatte und dass das Einzige, was mich zurückhielt, die Angst war.

Es gibt viele verschiedene Wege des Gebens. In zahlreichen Situationen können wir unsere Hilfe anbieten. Wir können durch soziales oder politisches Handeln geben. Und wir können sicher auch lernen, bei unserer Arbeit, in unseren Beziehungen oder bei anderen Facetten des alltäglichen Lebens, etwas von uns selbst zu geben. Geben kann sehr einfach sein: Jemanden in der Schlange vorlassen oder etwas erledigen, was wir normalerweise vermeiden würden, weil wir sehen, dass unser Partner oder Mitbewohner müde ist. Oder Sie sitzen bei einem fremden Menschen, der mit einer unheilbaren Krankheit im Bett liegt. Es ist kein Problem, Möglichkeiten des Gebens zu finden. Das Problem liegt vielmehr darin, dass wir uns ständig mit den vielen Hindernissen auseinandersetzen müssen, die unweigerlich in unserem eigenen Geist auftauchen werden, wenn wir aus der Großzügigkeit des Herzens leben.

Wenn wir andere sehen, die bedürftig sind, haben wir vielleicht instinktiv den Drang, ihnen zu helfen. Aber die natürliche Großzügigkeit des Herzens kann schon in einem Sekundenbruchteil vom Verstand verdrängt werden. Der auf Angst basierende denkende Geist hat Zweifel: „Ich weiß nicht, was ich tun soll" oder „Ich kann mich hier nicht einmischen". Das Herz, das sich verbinden will, kann leicht durch Angst oder Schutzmechanismen des Selbst wieder verschlossen werden. Wir könnten beispielsweise Angst vor Versagen oder Ablehnung haben. Oder unser Wunsch, zu geben, wird von unserer eigenen Trägheit blockiert – wir wollen das angenehme Gefühl des Vertrauten nicht aufgeben. Am häufigsten verfangen wir uns in unseren Selbstverurteilungen, wir glauben, dass wir nicht gut genug sind.

Diese Urteile limitieren uns und halten uns zurück, selbst dann, wenn wir den ehrlichen Wunsch spüren, zu geben. Allein schon die Überzeugung „Ich bin nicht großzügig" kann ausreichen, um unsere innere Großzügigkeit zu unterdrücken.

Unser innerer Wunsch, zu geben, kann auch durch unbewusste Absichten behindert werden, wie durch den Wunsch, etwas zurückzubekommen. Viele Menschen arbeiten beispielsweise ehrenamtlich an Orten wie einem Hospiz oder in Gruppen für Kriegsveteranen, weil sie ein Gefühl der Verbundenheit erfahren, ihre Schuldgefühle beruhigen oder ihr Selbstwertgefühl verbessern möchten. Obwohl sich das Geben, bei dem wir etwas zurückzubekommen möchten, oberflächlich gut anfühlt und uns zunächst motivieren kann, ist es niemals wirklich erfüllend. Wir werden das natürliche Glück nicht erfahren, das durch das Loslassen selbstbezogener Absichten entsteht.

Das ist der wahre Schlüssel zu lebenslangem Glück: Wir geben uns anderen – wie ein weißer Vogel im Schnee. Wenn wir wirklich großzügig sind, werden wir eins mit dem, was geschieht. Das bedeutet, dass wir anderen ohne versteckte Motive oder ein Gefühl der Überheblichkeit geben. Wir ziehen nicht die Aufmerksamkeit auf uns und unser Geben ist keine weitere Möglichkeit, um unser Selbstbild zu verbessern. Wenn wir uns anderen geben, wie ein weißer Vogel im Schnee, dann sind wir in der Lage, unsere Ziele loszulassen, einschließlich der Motivation durch die Idee, dass wir großzügiger sein *sollten*.

Hindernisse auf dem Weg zum wahren Geben

Wahrscheinlich ist das am weitesten verbreitete Hindernis auf dem Weg zur wahren Großzügigkeit eine Form des Gebens, durch die wir Wertschätzung erfahren wollen. Ich hatte einen Freund, der ehrenamtlich in einer Hilfsorganisation für Obdachlose arbeitete. Eines Tages trafen wir uns zum Kaffee und er sah sehr unglücklich aus. Er sagte, der Grund sei sein Engagement in der Obdachlosenhilfe. Als ich ihn fragte, ob etwas geschehen sei, sagte er: „Erinnerst du dich an den Mann, den ich letzten Monat ins Krankenhaus gebracht habe und dem ich dann eine Decke gab, damit er auf der Straße nicht frieren musste? Ich bin ihm heute einige Straßen von hier wieder begegnet und er hat mich angespuckt und mir gesagt, ich solle verschwinden.“ Wir sprachen eine Weile über den Vorfall, und schließlich sagte mein Freund: „Weißt du, ich sehe, dass ich einfach nur wollte, dass er sich bei mir bedankt und Wertschätzung zeigt.“ Ich kann mir vorstellen, dass jeder von uns dieses Gefühl verstehen kann. Wenn unsere Motivation für das Helfen aber darin liegt, dass wir unsere eigenen Bedürfnisse befriedigen wollen – sei es nun Anerkennung,

Wertschätzung, Selbstwert oder etwas anderes –, wird es schließlich zu Unzufriedenheit führen.

Ein anderer Weg, der uns vom Geben aus der Großzügigkeit des Herzens ablenkt, ist die Annahme der Identität eines „Helfers“. Manchmal, wenn ein Freund oder auch jemand, den wir kaum kennen, eine schwere Zeit durchlebt, spüren wir den natürlichen Drang, zu helfen. Aber wir können leicht abgelenkt werden, indem wir in den Modus des Helfens und Reparierens kommen. Wenn die Situation schmerzvoll ist, suchen wir meist nach etwas Konkretem, das wir *tun* können, um dafür zu sorgen, dass das Problem gelöst wird. Aber wenn wir aktiv sind und etwas „tun“, kann es sein, dass wir einfach *unsere eigenen* unangenehmen Gefühle oder unsere Hilflosigkeit vermeiden. Ich erinnere mich an eine Situation, in der ein Hospizpatient starb, während ich im Hospiz war. Ich war sofort bereit „zu helfen“, indem ich Besorgungen für die Ehefrau erledigte und einkaufen ging. Aber als ich wiederkam, wurde mir klar, dass ich half, um die unangenehmen Gefühle zu vermeiden, die ich in der Situation spürte. Aber das war kein wahres Geben, und als ich das erkannte, blieb ich bei der Familie und bot einfach meine Präsenz an, ohne zu versuchen, irgendetwas Besonderes zu tun.

Wenn wir im Angesicht unserer eigenen schwierigen Situationen oder dem Leiden eines anderen Menschen unangenehme Gefühle erfahren, ist es natürlich verständlich, dass wir Widerstand leisten oder uns abwenden. Instinktiv haben wir Angst vor dem Unbekannten; wir spüren Furcht, wenn wir uns dem Gefühl der Bodenlosigkeit nähern, das in solchen Situationen entstehen kann. Aber die Großzügigkeit des Herzens macht sich bemerkbar und erinnert uns daran, nicht zurückzuhalten – sie erinnert uns daran, dass wir stattdessen Ja zu unserer Erfahrung sagen können, indem wir uns absichtsvoll darauf zubewegen. Nur wenn wir uns unseren eigenen Ängsten öffnen, können wir das unbekannte Gebiet erkunden, in dem das wahre Lernen geschieht. Sobald wir unsere eigenen Ängste in Bezug auf das Geben anerkennen, machen wir den ersten Schritt, um uns aus dem Griff dieser Ängste zu befreien. Gewahrsein ist der Anfang des Heilungsprozesses. Und wenn wir einen unvermeidlichen Schritt zurück in unsere alten Muster tun und wieder in den gleichen dunklen Orten gefangen sind, dann wissen wir zumindest, dass es das Tageslicht wirklich gibt.

Hier sollten wir bedenken, dass wir durch die Arbeit mit dem, was unsere innere Großzügigkeit blockiert, nicht versuchen, das Ego zu zerstören; unser Ego spielt in der Tat eine wichtige Rolle in unserer Fähigkeit, Gutes zu tun. Aber es ist notwendig, dass wir unsere Identifikation mit dem konditionierten, selbstbezogenen Ich verringern, und gleichzeitig unsere Identifikation mit der Absicht stärken, in einer wacheren, auf das Leben bezogenen Weise – also unmittelbar aus dem Herzen – zu leben. Wenn wir mit unserer Konditionierung und unseren Ängsten arbeiten, fließt die Großzügigkeit des Herzens natürlich aus uns heraus – wir müssen nicht einmal darüber nachdenken.

Wenn wir darüber reflektieren, was das Geben aus dem Herzen bedeutet, wird uns an einem bestimmten Punkt klar werden, dass Geben zunächst *Aufgeben* erfordert, indem wir unsere starke Identifikation mit dem kleinen Selbst – unserem getrennten Selbst – aufgeben. Das ist das Selbst der Urteile und Ängste; es ist das Selbst, das die natürliche Neigung zum Geben zurückhält, entweder durch Trägheit, durch eine Anspruchshaltung, durch Selbstzweifel oder durch das Bedürfnis nach Wertschätzung oder Selbstwert. Aber wenn wir mit diesem kleinen Selbst arbeiten und immer wieder unser Gewahrsein darauf richten, beginnt es, seine Macht zu verlieren. Nach und nach erkennen wir, dass es uns leichter fällt, die natürliche Großzügigkeit des Herzens zum Ausdruck zu bringen. In einigen Situationen kann es bedeuten, dass wir Geld oder materielle Dinge geben. Wenn sich diese Großzügigkeit entwickelt, wird sie sich zeigen, indem wir unsere Aufmerksamkeit und Präsenz geben. Letztendlich bedeutet es, dass wir unser Herz geben.

Wie wir anderen durch unser Präsentsein helfen

Manchmal werden wir feststellen, dass Geben nicht immer spürbare Resultate hat. Wenn wir uns beispielsweise aufrichtig anderen Menschen öffnen, die sich in ihrem Schmerz allein und isoliert fühlen, können wir vielleicht nur sehr wenig tun, um ihren Schmerz zu lindern. Aber in manchen Fällen ist es auch genug, wenn wir andere Menschen wissen lassen, dass sich jemand um sie kümmert. Zumindest wissen sie, dass sie nicht allein sind. Wenn wir unsere Vortäuschungen und das Bedürfnis, ein „Helfer" oder jemand Besonderes zu sein, loslassen, können wir einfach mit einem Menschen in seinem Leiden präsent sein. Dadurch entsteht eine Verbundenheit, und der andere weiß, wenn auch nur unbewusst, dass wir bei ihm sind – mit einer unausgesprochenen Verbundenheit des Herzens.

Dann gibt es die Momente, wo wir nichts geben oder tun können, was auch nur diese kleine Erleichterung ermöglichen würde. Es kann sehr schmerzvoll sein, zu sehen, dass selbst unsere besten Anstrengungen manchmal keine positiven Veränderungen zu bringen scheinen. Schließlich beurteilen wir uns erbarmungslos, weil wir nicht fürsorglich oder gut genug sind. Wir sehen uns selbst vielleicht als schwach, als wirkungslos oder als jemanden mit zu wenig Mitgefühl. Wir können Entmutigung oder gar Wut spüren, weil ein Mensch unsere Freundlichkeit und Hilfe „zurückgewiesen" hat. In diesen Momenten ist es hilfreich, wenn wir unsere eigene schmerzvolle Erfahrung direkt in die Mitte des Brustraums atmen und liebende Güte nicht nur auf den anderen leidenden Menschen ausdehnen, sondern auch auf uns selbst in unserer Entmutigung, in unserer Wut, in unserer Frustration. Dieses Mitgefühl gegenüber der ganzen Situation erlaubt es uns, weiterzugehen. Schließlich können wir uns im tiefen Empfinden der Verbundenheit und Dankbarkeit verwurzeln, die sich zeigen, wenn wir wieder die Großzügigkeit des Herzens zum Ausdruck bringen können, egal, was dabei herauskommen mag.

Als Lehrer erlebe ich oft, dass Schüler in ihrer Konditionierung und ihren Ängsten gefangen sind. Manchmal spüre ich den Drang, sie zu ermutigen, damit sie weitergehen können. Aber wenn ich bedenke, wie viel Geduld dazu nötig ist, wird mir klar, wie schwer es für andere sein kann, durch ihre eigenen Hindernisse zu gehen. Dann kann ich einfach mit ihnen *sein*, egal, an welcher Stelle in ihrem eigenen Prozess sie sich auch gerade befinden. In diesen Situationen können wir Geduld und Empathie geben. Vielleicht genügen schon ein paar Worte – was immer natürlicherweise aus einem verständnisvollen Herzen herausfließt. Wenn wir wahre Empathie für die Erfahrung anderer Menschen empfinden, können sie spüren, dass sie gehört und verstanden werden. Und so können sie die heilende Berührung einer Verbindung von Mensch zu Mensch erfahren.

Es gibt noch andere Situationen, wo Geben etwas Konkreteres benötigt, als nur empathisch zu sein. Wenn wir beispielsweise soziale oder politische Ungerechtigkeit sehen, sind wir vielleicht aufgerufen, auf die Ungerechtigkeit zu reagieren. Aber selbst, wenn unsere Absichten aufrichtig sind, müssen wir besonders achtsam sein, dass unser Handeln nicht durch Wut vergiftet wird. Es kann eine natürliche Reaktion sein, wenn wir in manchen Situationen wütend werden, aber wenn wir aus dieser Wut heraus handeln, wird es wahrscheinlich zu anderen Ergebnissen führen, als denen, die wir eigentlich beabsichtigt oder gewünscht haben. Handeln aus Wut bedeutet, dass wir in einem geschlossenen Herzen gefangen sind – eine Garantie dafür, dass unser Wunsch, aus wahrem Glück zu leben, behindert wird.

Wut kann aber zu *Entschlossenheit* transformiert werden, wodurch es möglich wird, aus einem inneren Gefühl des Friedens zu handeln. So wird unser Handeln nicht länger unsere besten Absichten sabotieren. Dazu müssen wir zunächst vielleicht mit unserer Wut in der Stille und dem Schweigen der Meditation sitzen – solange, bis wir aus der Verschlossenheit unseres Herzens herauskommen können.

Wir sollten uns aber immer daran erinnern, dass die grundlegende Quelle und das Fundament unserer eigenen Anstrengungen des Gebens – sei es zu Hause, im ehrenamtlichen Engagement oder im sozialen Handeln – das erwachte Herz ist. Wenn wir nicht mit dieser Quelle in Kontakt sind, werden uns unsere Anstrengungen auf einen Weg führen, der uns von unseren ursprünglichen Absichten wegführt und möglicherweise von Wut und Angst genährt wird statt von unserer inneren Großzügigkeit.

Um aus der Großzügigkeit des Herzens zu leben, müssen wir nicht in einer bestimmten Weise handeln, wie beispielsweise eine bestimmte Arbeitsstelle anzunehmen, uns ehrenamtlich zu engagieren oder uns für soziale oder politische Veränderung einzusetzen. Wenn wir für das Unbekannte offenbleiben und bereit sind, den Ruf der Angst zu ignorieren, der uns zurück in die Schutzmauern ziehen will, werden wir bereit, der natürlichen Neigung des Herzens zu folgen: auch unter den schwierigsten Umständen zu geben, und sei es nur ganz wenig. Wir können uns immer fragen: „Was kann ich geben?“ Wenn wir beispielsweise einen Obdachlosen sehen, können wir ihm außer Geld noch etwas anderes geben: Wir können die Wärme unseres Herzens geben, indem wir ihm in die Augen schauen, ohne zu urteilen. Wenn wir eine Mitreisende sehen, die sich mit ihrem Gepäck abmüht, können wir Hilfe anbieten, selbst wenn es unbequem ist oder wir dadurch etwas langsamer vorankommen. Wenn wir von den vielen Tausend Kindern hören, die jeden Tag leiden und sterben, weil sie nicht genug zu essen haben, können wir sofort ins Internet gehen und etwas spenden, um zu helfen, ihren Hunger zu stillen – auch wenn wir im Zusammenhang damit unseren eigenen Ängsten vor dem Mangel begegnen müssen. Egal, ob wir genug Geld haben, um zu geben, eine Praxis können wir immer üben: Wir können die Menschen, die unter Hunger leiden, visualisieren und mit dem Einatmen ihr Bild in die Mitte des Brustraums atmen und mit dem Ausatmen Mitgefühl für ihre Not ausströmen.

Es ist egal, was wir von uns geben, sei es ganz wenig oder in ganz großer Weise, ob in materieller oder unsichtbarer Form: Wenn wir es ohne Vortäuschung tun, können wir unsere innere Großzügigkeit kultivieren. Und nach und nach entwickelt sich der natürliche Ausdruck unserer grundlegenden Verbundenheit. Geben auf dieser Ebene – aus unserem wahren, offenherzigen Wesen – ist eine der wichtigsten Wurzeln für ein Leben in wahrer Zufriedenheit.

11 Liebende Güte

Seit vielen Jahren lehre ich Schüler aus der ganzen Welt den Zen-Weg, und obwohl kein Übender dem anderen gleicht, gibt es doch viele Gemeinsamkeiten. In der Tat gibt es eine Erkenntnis, die sich mir immer wieder sehr klar zeigte: Die Tendenz, uns selbst negativ zu beurteilen und uns selbst in grundlegender Weise als mangelhaft zu sehen, ist eine der wichtigsten Ursachen für Unglück. Deshalb ist es so wichtig, zu erkennen, was die Festigkeit unserer Selbstverurteilungen verringert, und zu lernen, wie wir mehr aus dem erwachten Herzen der liebenden Güte leben können. Wir müssen herausfinden, was nötig ist, um nicht mehr aus der Angst zu leben, dass wir nicht gut genug sind – die Angst, niemand zu sein; die Angst, nicht liebenswert zu sein.

Kürzlich kam eine Schülerin zu mir, um über ihre Schwierigkeiten in ihrer Zen-Praxis zu sprechen. Sie fühlte sich allein, beschämt und ängstlich. Ich kannte sie schon lange und ich mochte sie sehr. Aber ich erkannte auch Folgendes: Egal, wie sehr ich sie schätzte oder wie sehr ich ihr auch mit Empfehlungen für ihr Handeln helfen wollte, ich war nicht in der Lage, ihr Leiden zu beenden. Das musste sie selbst tun. In Momenten wie diesen, wenn ich erkenne, dass ich kaum etwas tun kann, um zu helfen, versuche ich mich daran zu erinnern, einige Male tief in die Mitte des Brustraums zu atmen. Bei dieser Schülerin habe ich das Leiden einfach eingeatmet, und habe ihr gewünscht, dass sie in ihren Schwierigkeiten geheilt werden möge. In diesem Fall war es klar, dass sie in ihrem Ego-Geist gefangen war; der Geist, der sich schämt, ängstlich ist und uns selbst negativ beurteilt. Das ist der Ego-Geist, der uns begrenzt und die Ursache von so viel Unglück ist.

Ich wünsche jedem, der sich selbst verletzt, ängstlich ist oder sich selbst beschimpft, weil er meint, nicht gut genug zu sein, dass er sich daran erinnert, der eigenen Erfahrung mit der Qualität der liebenden Güte zu begegnen. Bei dieser Schülerin schlug ich beispielsweise vor, dass sie einige Male in ihr Herz atmet und ihr Leiden tief hereinnimmt und sich selbst mit der gleichen Güte begegnet, die sie einem Menschen geben würde, der ihr wichtig ist.

Wir müssen verstehen, dass wir das Herz der liebenden Güte sind; es ist die Natur unseres Seins. Es ist wichtig, dass wir uns selbst mit liebender Güte begegnen, so wie wir es auch mit anderen tun. Wenn wir liebende Güte praktizieren, wird diese Übung ein Mittel werden, durch das wir lernen, das Herz zu erwecken und unser wahres Wesen zu umarmen. Es gibt eine interessante Dynamik zwischen liebender Güte und Glück: Oft entsteht liebende Güte ganz natürlich, wenn wir mehr und mehr ein Leben wahren Glücks leben. Wenn wir aber liebende Güte fördern, dann werden dadurch die Wurzeln wahrer Zufriedenheit kultiviert.

Die Essenz der Praxis der liebenden Güte ist das Geben: Wir geben aktiv bedingungslose Freundlichkeit, sowohl uns selbst als auch anderen. Es ist der natürliche Ausdruck der Großzügigkeit des Herzens. Dadurch können wir eine Geisteshaltung entwickeln, in der wir uns das Wohlergehen aller wünschen. Durch liebende Güte erfahren wir eine Empfindung der Verbundenheit, des inneren Wohlwollens, das vielleicht von Empfänglichkeit und Wärme begleitet wird. Die Praxis der liebenden Güte hilft uns auch, uns nicht mehr im urteilenden Geist zu verfangen. Wir spüren ein Gefühl der Offenheit, das die Tendenz des Geistes, ständig zu urteilen, verringert. In der Praxis der liebenden Güte lehnen wir nicht länger Aspekte von uns (oder anderen) ab, die wir normalerweise als ungewollt oder schlecht beurteilen.

In der traditionellen Praxis der liebenden Güte, der *Mettā*-Praxis, liegt die Betonung in der Regel auf dem Versuch, das Gefühl der liebenden Güte entstehen zu lassen, indem man Sätze wie diese wiederholt: „Möge ich glücklich sein" und „Mögen alle Wesen glücklich sein". Das Wichtige hierbei ist, dass wir eine mitfühlende Geisteshaltung kultivieren, was ein essenzieller Teil der buddhistischen Tradition ist. Wir werden aber einen etwas anderen Ansatz wählen: Statt zu versuchen, ein bestimmtes Gefühl entstehen zu lassen, wie beispielsweise sich liebevoll oder freundlich zu fühlen, wird die Betonung darauf liegen, wie wir hier und jetzt mit aufrichtiger Freundlichkeit präsent sein können. Wenn wir spüren, dass unser Herz verschlossen ist, wenn wir beispielsweise wütend oder ängstlich sind, besteht die Übung darin, mit dem Einatmen das Gewahrsein in die Mitte des Brustraums zu bringen. Mit dem Ausatmen formulieren wir dann den Wunsch, dass wir (oder andere) in dieser Schwierigkeit Heilung erfahren mögen.

Wenn wir in der körperlichen Erfahrung des Atems in den Bereich des Herzens verweilen, können wir nicht nur in der körperlichen Wirklichkeit verwurzelt bleiben, es durchbricht auch die Kraft und Festigkeit des urteilenden Geistes. Dadurch erhalten wir Zugang zu unserer natürlichen Fähigkeit für Offenheit. Wir können uns mit einem tiefen Gefühl der Freundlichkeit auf uns selbst und andere beziehen – genau so, wie wir sind.

In den letzten 15 Jahren habe ich jeden Tag die Meditation der liebenden Güte praktiziert. In dieser Meditation konzentriere ich meinen Geist oft auf Menschen, die gestorben sind und denen ich einmal nahe war – Menschen, die für etwas stehen, an das ich mich erinnern möchte. Einer dieser Menschen war beispielsweise eine Patientin im Hospiz, die ungefähr in meinem Alter war, als ich ihr zum ersten Mal begegnete. Sie hatte Krebs und lag im Sterben, aber obwohl sie wusste, dass ihre Zeit begrenzt war, konnte sie ihre Tochter oder ihren Ehemann nicht um einen Gefallen bitten, weil sie dachte, dass sie ihnen Unannehmlichkeiten machte. Einmal konnte sie noch nicht mal um ein Glas Milch bitten, weil tief eingeprägte Selbstverurteilungen ihr sagten, dass sie nicht wichtig sei und keine Last sein sollte. Es war sehr schmerzvoll, das zu beobachten, aber ich konnte nichts tun, um zu helfen. Wenn ich mich während meiner Meditation an sie als einen Menschen erinnere, der mir am Herzen lag, erinnere ich mich auch an ihre Angst, ihre Angst vor Minderwertigkeit. Dadurch werde ich immer noch inspiriert, mir meiner eigenen begrenzenden Selbstverurteilungen bewusst zu sein. Es erinnert mich daran, auch mir selbst liebende Güte zu geben und aus dem Herzen zu leben, statt mich selbst zu verurteilen.

Obwohl liebende Güte eine natürliche Eigenschaft unserer wahren Natur ist, entsteht sie normalerweise nicht von allein – besonders, wenn wir uns in Selbstkritik verfangen, uns als Versager sehen oder in fundamentaler Weise als nicht gut „genug". Das ist meistens ein sehr dunkler und unglücklicher Ort, und nur selten denken wir daran, uns selbst mit liebender Güte zu begegnen. Unsere Selbstverurteilungen sind oft so hartnäckig, dass es kaum Raum für Barmherzigkeit gibt. Deshalb ist es notwendig, das wir die Praxis der liebenden Güte regelmäßig kultivieren, damit wir uns damit verbinden können, wenn wir uns in unserem selbstverurteilenden Geist verfangen. Wenn wir die Meditation der liebenden Güte regelmäßig üben, können wir die bedingungslose Freundlichkeit und Wärme des Herzens aktivieren, auch in den Zeiten, wenn die Selbsturteile am stärksten sind.

Wenn wir die Qualität der liebenden Güte kultivieren, sehen wir uns selbst nicht länger als fehlerhaft. Wenn sich unsere Konditionierung zeigt und wir uns in alten Mustern wie Wut oder Angst verfangen, sehen wir sie einfach als alte Konditionierungen und nicht als Fehler. Vielleicht lernen wir, ihnen mit folgendem

Satz zu begegnen: „Hier ist es wieder – ich frage mich, wie es sich dieses Mal anfühlen wird" – und dann kehren wir zur körperlichen Erfahrung zurück. Mit Neugier und Güte (und vielleicht sogar ein wenig Humor) ersetzen wir die schwere Last, ein „Ich" zu sein, durch die Leichtigkeit des Herzens, die ein essenzieller Bestandteil wahren Glücks ist.

Wenn wir liebende Güte gegenüber uns selbst kultivieren, öffnen wir unser Herz auch für andere. Durch die Begegnung mit unseren eigenen schmerzvollen Erfahrungen können wir unser Herz auch anderen öffnen. Wir begeben uns in unsere eigenen schmerzvollen Erfahrungen und verweilen wirklich darin, ohne uns in unseren melodramatischen Geschichten zu verlieren. In unserem Schmerz begegnen wir uns selbst mit liebender Güte, und dadurch entwickeln wir ganz natürlich die tief empfundene Fähigkeit, gegenüber anderen, die ebenfalls im Schmerz gefangen sind, Empathie und liebende Güte zu spüren. Wir verstehen, dass wir uns nicht von anderen unterscheiden – ihr Schmerz unterscheidet sich nicht von unserem Schmerz. Das ist kein intellektuelles Verstehen; es ist ein Verstehen des Herzens, das aus dem Mut kommt, wirklich mit unserem eigenen Schmerz präsent zu sein. Aber diese Fähigkeit, präsent zu bleiben und unserer Erfahrung mit liebender Güte zu begegnen, braucht Übung, und damit diese Übung wirklich wirkungsvoll ist, sollten wir regelmäßig praktizieren. Die folgenden Anleitungen beschreiben sehr genau, wie wir die Meditation der liebenden Güte üben können.

Die Meditation der liebenden Güte

Sitzen Sie entweder in der Meditationshaltung oder liegen Sie in einer angenehmen Haltung und beginnen Sie, indem Sie einige Male tief atmen. Werden Sie sich des Atems bewusst, folgen Sie ihm in die Mitte des Brustraums und entspannen Sie den Atem im Körper. Erfahren Sie den Bereich um das Herz. Was immer Sie auch fühlen, seien Sie sich einfach dessen bewusst. Lassen Sie mit jedem Einatmen das Gewahrsein etwas tiefer sinken.

Um die Qualität der liebenden Güte zu aktivieren, denken Sie zunächst an jemanden, für den Sie sehr positive Gefühle empfinden. Stellen Sie sich diesen Menschen vor. Atmen Sie ihn oder sie ein. Lassen Sie zu, dass Ihre eigene innere liebende Güte aktiviert wird.

Für sich selbst

Richten Sie nun den Fokus auf sich selbst und verweilen Sie einige Atemzüge lang mit den folgenden Sätzen.

Einatmen, im Herzen verweilen.
Ausatmen, ich gebe mir selbst liebende Güte, genau so, wie ich jetzt bin.

Begegnen Sie allen Aspekten Ihres Lebens, wo Sie momentan vielleicht in Ihrer Konditionierung gefangen sind, mit einer gütigen Freundlichkeit, einschließlich der Selbstverurteilungen, die sagen, dass Sie fehlerhaft sind oder dass Ihnen etwas fehlt. Wenn es keine Wärme gibt, keine liebende Güte, die Sie geben können, bemerken Sie dies einfach und fahren Sie fort.

Einatmen, im Herzen verweilen.
Ausatmen, ich muss niemand Besonderes sein.

Spüren Sie die unmittelbare Freiheit, wenn Sie nicht mehr aus Vortäuschung oder Vorstellungen, wie Sie sein oder sich fühlen sollten, leben, einschließlich des Bedürfnisses, sich als etwas Besonderes oder als liebevoller Mensch zu fühlen.

Einatmen, im Herzen verweilen.
Ausatmen, nur Sein.

Lassen Sie die Anstrengung, irgendwohin zu kommen, sich selbst zu beweisen, los; spüren Sie die Weite und Leichtigkeit des Herzens, wenn Sie aus Ihrem natürlichen Sein leben.

Wiederholen Sie diese Sätze zwei Mal.

Für andere

Denken Sie nun an jemanden, der Ihnen nahesteht und dem Sie liebende Güte geben wollen. Atmen Sie mit dem Einatmen das Bild dieses Menschen in die Mitte des Brustraums. Mit dem Ausatmen geben Sie diesem Menschen liebende Güte, während Sie die folgenden drei Sätze wiederholen. Wenn Sie Widerstand spüren, erkennen Sie ihn einfach an und erfahren Sie das, was Sie zurückhält.

[Name] einatmen,
Mögest du im Herzen verweilen.

[Name] einatmen,
Mögest du in deinen Schwierigkeiten geheilt sein.

[Name] einatmen,
Möge dein Herz für andere offen sein.

Wiederholen Sie diese Sätze und fügen Sie die Namen anderer Menschen ein, die Sie in dieser Meditation mit einschließen möchten.

Für alle Wesen

Erweitern Sie schließlich Ihr Gewahrsein, so dass es alle Wesen umfasst. Bringen Sie dieses Gewahrsein mit dem Einatmen in die Mitte des Brustraums und wiederholen Sie mit dem Ausatmen die folgenden Sätze und geben Sie dabei allen Wesen liebende Güte.

Alle Wesen einatmen,
Möget ihr im Herzen verweilen.

Alle Wesen einatmen,
Möget ihr in euren Schwierigkeiten geheilt sein.

Alle Wesen einatmen,
Mögen eure Herzen für andere offen sein.

Zum Abschluss

Wiederholen Sie den ersten Satz dieser Praxis: „Einatmen, im Herzen verweilen“, und entspannen Sie sich in das tiefe Empfinden des Seins.

Anmerkungen zur Meditation der liebenden Güte

Die Kultivierung der liebenden Güte widerspricht der Neigung unserer gewohnheitsmäßigen Muster, deshalb ist es wichtig, dass wir diese Meditation regelmäßig üben. Manchmal kann es sehr hilfreich sein, der Praxis der liebenden Güte einen ganzen Tag zu widmen.

Manche Übende sagen, dass diese Meditation zu kompliziert sei, dass wir uns an zu viele Sätze erinnern müssen. Aber diejenigen, die diese Praxis ernsthaft üben, finden Wege, um die Sätze anzupassen und gleichzeitig den Geist der Meditation beizubehalten.

Die Sätze in der Meditation der liebenden Güte sind etwas anderes als Affirmationen. Affirmationen werden oft benutzt, um unsere Gefühle oder Umstände zu verändern. Die Sätze der Meditation der liebenden Güte dienen nicht dazu, irgendetwas zu verändern; vielmehr erfahren wir das, was anwesend ist, in der Weite des Herzens.

Bei den ersten Malen, wenn Sie die Meditation der liebenden Güte praktizieren, könnte es sich merkwürdig oder fremd anfühlen, weil Sie still für sich die Sätze wiederholen. Es könnte auch sein, dass bei einem so konzentrierten Ein- und Ausatmen in die Mitte des Brustraums negative Gefühle aufsteigen. Aber egal, was Ihre Erfahrung sein mag – sei es Unbeholfenheit, Urteile, Skepsis oder etwas anderes –, es ist immer wertvoll, die Meditation weiterzuüben. Ich kenne keine andere Praxis, die so wirkungsvoll ist, um die Negativität des urteilenden Geistes oder um unseren chronischen Zustand der Trennung zu überwinden. Im Ein- und Ausatmen in die Mitte des Brustraums liegt eine Kraft jenseits der Worte – eine Kraft, die man nicht leugnen kann. Durch die regelmäßige Verkörperung der Meditation der liebenden Güte in unserem Leben können wir uns mit dieser Kraft verbinden.

Einige Menschen fühlen sich durch die Offenheit der Meditation der liebenden Güte bedroht und reagieren mit Widerstand oder gar Geringschätzung. Viele Übende haben auch das Gefühl, dass sie sich selbst betrügen – dass ihre Erfahrung der liebenden Güte vielleicht nicht echt ist. Selbst wenn Sie diesen negativen Gedanken glauben, bedeutet das notwendigerweise, dass sie wahr sind? Natürlich nicht! Wir glauben ihnen nur. Je mehr Sie vermeiden können, sich in Ihren Urteilen zu verfangen, desto offener werden Sie für das sein, was wirklich wertvoll ist.

Wenn wir regelmäßig liebende Güte praktizieren, dann ist es nicht länger nur eine Meditationsübung. Sie wird zu einem Teil unseres Wesens, zu unserer natürlichen Antwort auf das Leben. Und immer, wenn wir das Gefühl haben, dass wir feststecken, dann erinnern wir uns daran, einfach einige Male in unser Herz zu atmen.

12 Geben in der Arbeit

Einen großen Teil unseres Tages, und somit auch einen großen Teil unseres Lebens, verbringen wir mit unserer Arbeit – egal, ob an unserem Arbeitsplatz oder als Elternteil zu Hause. Wir verbringen einen bedeutsamen Teil unserer Zeit mit Arbeit, aber wie viele Menschen sind wirklich glücklich mit dem, was sie tun? Ich kenne die Statistiken nicht, aber es scheint, dass sich fast jeder über seine Arbeit beklagt. Nur wenige Menschen freuen sich auf ihre Arbeit als eine Quelle wahren Glücks.

Unglücklichsein bei unserer Arbeit ist oft die Folge des persönlichen Ballasts, den wir in die Situation hineinbringen. Wenn unsere Strategie im Leben beispielsweise darin besteht, uns immer mehr und mehr anzustrengen und unseren eigenen Wert zu beweisen, dann werden wir in der Tretmühle bleiben, in der wir uns selbst antreiben, um erfolgreich zu sein und dadurch unseren Wert zu zeigen. Aber selbst wenn wir erfolgreich sind, gibt es weiterhin eine tiefer liegende Angst davor, als minderwertig beurteilt zu werden – und bis wir uns mit dieser Angst wirklich auseinandersetzen, werden wir chronisch ängstlich und unglücklich sein. Das Gleiche geschieht bei der Strategie, durch die wir es anderen recht machen wollen. Wenn wir vom Bedürfnis nach Anerkennung und der Angst vor möglicher Ablehnung motiviert sind, spüren wir eine nervöse Anspannung, die uns garantiert unglücklich sein lässt – egal, wie gut wir in unserer Arbeit sind oder wie viel Anerkennung wir bekommen.

Selbst wenn wir einen starken natürlichen Antrieb haben, etwas zu schaffen, was sehr erfüllend sein kann, ist es möglich, dass unser persönlicher Ballast jedes Gefühl von Zufriedenheit verhindert. Wenn wir uns beispielsweise bei der Arbeit einen besseren Status wünschen oder besser sein wollen als ein Kollege oder eine Kollegin, wird die natürliche Erfüllung, die wir durch Produktivität oder Kreativität erfahren können, getrübt. Das wiederum führt zu einem ständigen Unglücklichsein in unserer Arbeit. Aber obwohl uns unsere Lebensstrategien offensichtlich kein Glück bringen, halten wir daran mit einer Hartnäckigkeit fest, die dem gesunden Menschenverstand zu widersprechen scheint.

Unsere Strategien, mit denen wir Glück in der Arbeit suchen, können sich etwas verrückt anhören, besonders weil sie offensichtlich nicht erfolgreich sind. Aber wir *sind* ziemlich verrückt, und wir verdrehen die Wirklichkeit in verrückter Weise. Kurz gesagt, wir sind Menschen! Es gibt einen Witz über einen Mann, der in einem Kleiderladen einen Anzug anprobiert. Er sagt zum Schneider: „Dieser eine Ärmel muss gekürzt werden – er ist fünf Zentimeter zu lang." Der Schneider sagt: „Nein, Sie müssen nur Ihren Ellenbogen so anwinkeln. Sehen Sie, wie der Ärmel dann genau richtig ist?" Der Mann antwortet: „Okay, aber wenn ich meinen Ellbogen so anwinkle, dann rutscht mein Kragen zu weit nach oben." Der Schneider sagt: „Das ist gar kein Problem, Sie müssen nur Ihren Kopf so nach oben und nach hinten halten." Darauf der Mann: „Aber nun sieht es so aus, als wäre die rechte Schulter einige Zentimeter niedriger als die linke." Der Schneider antwortet: „Das macht nichts – beugen Sie die Taille nach rechts und Sie sehen Klasse aus."

Der Mann geht aus dem Geschäft und trägt den Anzug, seine Ellbogen sind angewinkelt, seinen Kopf hält er nach oben und hinten und seine Taille ist gebeugt. Er kann kaum gehen und sieht aus, als hätte er eine schwere Krankheit oder eine Behinderung. Zwei Männer gehen vorbei und der eine sagt: „Sieh wie deformiert der Mann ist, er tut mir wirklich leid." Der andere Mann sagt: „Ja, aber er muss einen unglaublich guten Schneider haben, dieser Anzug passt ihm wie angegossen!"

Wir müssen uns selbst nicht verrenken oder zurechtschneidern, damit das Leben passt. Die Alternative besteht darin, zunächst klar zu sehen, was wir tun, und uns dann mit den Glaubenssätzen und Ängsten, die unser kontraproduktives Verhalten antreiben, zu konfrontieren. Wenn wir uns durch all die Schichten des persönlichen Ballasts hindurcharbeiten, scheint die Wirklichkeit viel besser zu passen.

In gewisser Weise hat der persönliche Ballast, der unser Unglücklichsein bei der Arbeit nährt, sehr wenig mit der Arbeit selbst zu tun. Es würde nicht notwendigerweise helfen, wenn wir einen neuen Job annehmen würden, denn wir bringen den gleichen Ballast und die gleichen Ängste mit. Aber ein sehr wirksamer Weg, um dieses Muster zu unterbrechen, sind die drei Fragen über das Glücklichsein. Durch die erste Frage – Bin ich jetzt wirklich glücklich? – können wir herauszufinden, wie wir uns *tatsächlich* fühlen, weil wir es oftmals gar nicht wissen. Die zweite Frage – Was blockiert mein Glücklichsein? – kann insbesondere klären, wo wir aus Angst handeln, wie aus der Angst, als minderwertig beurteilt zu werden, oder die Angst vor Missbilligung. Durch die dritte Frage – Kann ich mich dem, was ist, hingeben? – können wir die Erfahrung der Angst willkommen heißen. Sie erinnert uns daran, die körperliche Empfindung der Angst direkt in die Mitte des Brustraums zu atmen. Basierend auf dem grundlegenden Prinzip, dass Gewahrsein heilt, wird die Erfahrung der Angst viel weniger solide, wenn wir lernen, sie willkommen zu heißen und darin zu verweilen. Auch hier versuchen wir nicht, die Erfahrung zu verändern oder die Angst loszuwerden; wir heißen sie einfach willkommen und lassen sie da sein – so, wie sie ist.

Aber selbst dann, wenn wir etwas Freiheit von unseren Ängsten und unserem persönlichen Ballast erfahren, ist es wichtig, dass wir eine Arbeit finden, die zu unserer Persönlichkeit, unserem Temperament und unseren Lebensinteressen passt. Egal, wie viel spirituelle Praxis wir haben, manche Jobs werden uns besser passen als andere. Aber wie entscheiden wir uns für den bestmöglichen Beruf oder Job, und wie entscheiden wir uns, wenn der Job, den wir möchten, wenig Geld einbringt? Oft ist das eine sehr herausfordernde Aufgabe, und wir nutzen für die Auseinandersetzung damit leider oft nur den logisch denkenden Geist. Wir wägen unsere Optionen ab, prüfen sie in der Hoffnung, dass wir Klarheit finden werden. Manchmal ist dieser Ansatz vielleicht hilfreich, aber er wird uns nicht helfen, uns mit dem zu verbinden, was uns wirklich am Herzen liegt. Pascal sagte einmal: „Das Herz kennt Gründe, die der Verstand nicht versteht." Das erinnert uns an die Grenzen des denkenden Geistes. Was sollen wir also tun? Wie können wir uns mit der innersten Weisheit des Herzens verbinden?

Als ich Mitte zwanzig war, suchte ich verzweifelt nach einem passenden Beruf. Obwohl ich ein guter Programmierer war, wusste ich, dass das nicht mit der stillen, kleinen inneren Stimme resonierte, die immer stärker auf sich aufmerksam machte. Deshalb erfuhr ich bei der Suche nach dem „richtigen" Beruf eine tiefe und durchdringende Angst. Zu dieser Zeit begann ich gerade mit der spirituellen Praxis und jemand, dem ich vertraute, sagte mir, dass ich nicht länger darüber nachdenken sollte, was zu tun sei. Stattdessen sollte ich immer, wenn die Angst erscheint, vollkommen mit der Angst selbst präsent sein. Zu dieser Zeit verstand ich diesen Ansatz überhaupt nicht und es war auch nicht leicht für mich, bei den körperlichen Empfindungen der Angst zu verweilen. Aber ich war verzweifelt, deshalb übte ich diese Praxis mehrere Wochen, so gut ich konnte. Eines Tages, völlig aus dem Nichts, sah ich kristallklar, dass mein Weg darin bestand, Zimmerer zu werden. Für einen fünfzig Kilo leichten Intellektuellen ohne Erfahrung im Zimmern war das mehr als ein Sprung – es war lächerlich! Aber diese Entscheidung war für mich so eindeutig, dass sie zu einer unerschütterlichen Entschlossenheit wurde und trotz vieler Hindernisse habe ich dieses Ziel verfolgt. Schließlich habe ich eine sehr lange und erfüllte Karriere als Zimmerer und Bauunternehmer erfahren können.

Das Wichtige hierbei ist, dass meine Entscheidung nicht aus dem Denken kam; sie kam aus dem Präsentsein mit der Angst und mit dem Zweifel des Nicht-Wissens. Das Problem besteht darin, dass wir zu zögerlich sind, den denkenden Geist loszulassen. Wir wollen so sehr dem falschen Gefühl von Kontrolle glauben, das entsteht, wenn wir denken, dass wir eine Lösung gefunden haben. Aber bei der Suche nach dem richtigen Job oder dem richtigen Beruf hilft uns Geduld viel mehr – wenn wir mit der Erfahrung des Nicht-Wissens vollkommen präsent sind. Das ist besonders wahr, weil der denkende Geist die falschen Fragen stellt. Normalerweise wollen wir wissen, was wir von einem Job bekommen, aber ironischerweise kommt wahres Glück in unserer Arbeit durch das, was wir *geben,* nicht durch das, was wir *bekommen.*

Was kann ich geben?

Obwohl Glück natürlich entsteht, wenn wir anderen dienen, stellen wir uns nur selten die Frage: „Was kann ich geben?" Ich meine nicht, dass wir aus der Idealvorstellung geben, dass wir etwas geben *sollten.* Wenn wir aus Idealvorstellungen geben oder aus der Erwartung einer Belohnung, führt das oft zu Wut und nachtragenden Gefühlen – und es unterscheidet sich vollkommen davon, unseren einzigartigen Beitrag zu geben. Ich spreche davon, dass wir aus dem Herzen geben, ohne die Erwartung, dass wir etwas zurückbekommen. Es gibt eine wahre Geschichte über einen Müllsammler in Nordkalifornien. Als er seine Runden machte, winkte er immer den Menschen in der Nachbarschaft zu, und versuchte auch, morgens möglichst leise zu sein, um niemanden zu stören. Er lies sogar sein Müllauto auf eigene Kosten in einer angenehmeren Farbe lackieren. Der Müllsammler wurde so bekannt, dass eines Tages eine Petition formuliert wurde, um ihn zum Bürgermeister zu wählen. Aber als er davon hörte, beendete er die Kampagne sofort, und sagte, dass er einfach sein Bestes beim Müllsammeln geben wolle. Er gab, was er zu geben hatte, und bemühte sich, die Bedürfnisse der Menschen zu erfüllen. Dadurch erfuhr er offensichtlich die Erfüllung und das Glück, die aus dieser Form des selbstlosen Gebens kommen.

Wenn wir das geben, was wir geben können, sieht es vielleicht nicht immer unbedingt wie Geben aus. Nachdem ich viele Jahre als Zimmerer gearbeitet hatte, wurde ich Bauunternehmer und mehr als 15 Jahre leitete ich ein kleines Bauunternehmen, das sich auf Häuser nach Kundenwünschen spezialisierte. In den letzten Jahren meiner Arbeit in der Firma bestand meine Praxis darin, auf meinen Baustellen eine harmonische Atmosphäre zu gestalten. Das begann, als ein Hauseigentümer zu mir sagte: „Das ist wahrscheinlich das einzige Haus, das ich jemals bauen werde, und ich möchte, dass es eine wirklich gute Erfahrung wird, nicht die alptraumhafte Erfahrung, von der ich oft höre." Ich dachte also darüber nach, was ich tun könnte, um nicht nur ein gutes Haus zu bauen, sondern es auch in einer Weise zu tun, dass es für alle Beteiligten eine positive Erfahrung wird – vom Hausbesitzer bis zum Arbeiter mit dem niedrigsten Lohn.

Die meisten Arbeiter wussten nichts von meiner Meditationspraxis und ich habe auch nicht versucht, sie Meditation zu lehren. Aber ein Teil meiner Praxis bestand darin, jeden gleichzubehandeln und niemals jemanden anzuschreien. Selbst dann nicht, wenn die Arbeit nicht so getan wurde, wie ich es wollte. Und wenn andere ihre Negativität zum Ausdruck brachten, tat ich, was in meinen Kräften stand, um sie aufzulösen. Manchmal brach zwischen dem Hauseigentümer und den ausführenden Baufirmen ein Streit aus.

Dann bestand meine Praxis darin, sie an einen Tisch zusammenzubringen und zu einer Übereinkunft zu kommen, wobei jeder ein Drittel der Kosten übernahm, um das, was beim Bau falsch gelaufen war, wieder zu reparieren. So hatte niemand das Gefühl, dass er ausgenutzt wurde, und dadurch wurde die Baustelle auch zu einem harmonischeren Arbeitsplatz.

Das Gefühl der Wertschätzung oder Zufriedenheit in meiner Arbeit als Bauunternehmer entstand nicht nur daraus, in technischer Hinsicht ein guter Baumeister zu sein. Sie kam auch daher, dass ich mein Verstehen und meine Erfahrung als Meditationsübender in die oftmals chaotische und komplexe Welt der menschlichen Interaktionen bringen konnte, um so viel wie möglich dafür zu tun, dass für alle eine harmonische Atmosphäre entstand.

Wenn wir uns selbst fragen, was wir zu geben haben, ist die Antwort vielleicht nicht sofort offensichtlich. Wichtig ist aber, dass jeder von uns seinen einzigartigen Beitrag leisten kann. Nicht jeder kann den ausdrücklich altruistischen Weg der Hilfe für andere Menschen gehen, indem man zum Beispiel Lehrerin oder Sozialarbeiter wird. Aber selbst in der Welt der Wirtschaft, die stereotypisch als gnadenlos konkurrenzorientiert gesehen wird, kann es sehr erfüllend sein, wenn wir unsere Energie dafür einsetzen, die allgemeine Arbeitsumgebung zu verbessern. Für andere wird es ein tieferes Glücklichsein hervorbringen, wenn sie Einsicht, Wärme oder andere interpersonelle Fertigkeiten geben, um an einem Arbeitsplatz, der sonst kalt und unpersönlich wäre, mehr Klarheit und Unbeschwertheit zu fördern. Ein anderer Beitrag könnte sein, dass man einfach jeden Tag versucht, gute Arbeit zu leisten. Ich lernte zum Beispiel einmal eine junge Frau kennen, die bei Starbuck's arbeitete, sie begrüßte mich immer mit einem warmen Lächeln und einem freundlichen Wort. Als ich sie fragte, ob sie jemals schlechte Laune habe, antwortete sie: „Natürlich, aber ich sehe es als meine Aufgabe, die Stimmung meiner Kunden zu verbessern, und das kann ich nicht, wenn ich mit mir selbst beschäftigt bin."

Wir alle sollten darüber nachdenken, was wir zu geben haben – und auch darüber, was gebraucht wird. Es kann eine Weile dauern, bis wir unsere eigene Berufung gefunden haben, aber das ist ein ganz anderer Weg als unsere normalen Ziele am Arbeitsplatz. Wenn wir unsere Arbeit vor allem für das Geld tun oder um einen höheren Status zu erlangen, werden wir wahrscheinlich keine echte Erfüllung finden. Was uns fehlt, ist das Gefühl der Wertschätzung für die Möglichkeiten, die uns durch unsere Arbeit offenstehen. Wir vergessen oft, dass keiner Arbeit von sich aus ein Sinn innewohnt. Es ist beispielsweise nicht sinnvoller, ein Arzt zu sein als eine Reinigungskraft. In der Tat landen viele Ärzte im Burn-out, weil die Erwartungen in Bezug darauf, was sie für sich selbst bekommen – Geld, Status, Anerkennung –, sich nicht auszahlen, selbst wenn sie im konventionellen Sinne erfolgreich sind.

Im Gegenteil, eine Studie unter Reinigungspersonal an einem großen Krankenhaus zeigte, dass diejenigen, die sich selbst als Teil des Krankenhausteams sahen, echte Erfüllung erfuhren. Denn sie dachten mehr über das Wohlergehen anderer nach als über die Befriedigung ihrer eigenen selbstbezogenen Ansprüche. Obwohl sie ihre Zeit damit verbrachten, Bettpfannen zu leeren und die Böden zu wischen, gingen sie sich selbst aus dem Weg, um etwas beizutragen. Manchmal nahmen sie zusätzliche Arbeit auf sich, um den Ärzten und dem Pflegepersonal die Arbeit zu erleichtern. Wie im Beispiel des Müllsammlers fanden sie einen Wert in ihrer Arbeit, indem sie sich bemühten, anderen zu dienen. Sie erfuhren auch die Zufriedenheit, sich selbst als jemand zu sehen, der oder die zur allgemeinen heilenden Atmosphäre des Krankenhauses beiträgt.

Um durch unsere Arbeit Glück zu finden, müssen zwei Voraussetzungen gegeben sein. Als Erstes müssen wir unsere eigenen Muster erkennen, wenn wir uns beispielsweise immer mehr anstrengen, um wertgeschätzt zu werden und Anerkennung zu bekommen. Diese Muster verhindern jede Möglichkeit der Erfahrung wahren Glücks. Zweitens, wenn wir diese Muster erkannt haben, müssen wir uns der grundlegenden, arbeitsintensiven Aufgabe der Praxis widmen – die gewöhnlichen, alltäglichen Bemühungen, um unser Gewahrsein auf die tieferen Ängste zu richten, die unser Fühlen und Handeln bestimmen. Diese arbeitsintensiven Bemühungen sind weder romantisch noch magisch; sie werden Zeit und Beharrlichkeit erfordern und manchmal werden wir auf dem Weg frustriert werden. Aber wir können uns regelmäßig daran erinnern, dass es letztendlich das Gewahrsein ist, das heilt.

Zusätzlich zum Präsentsein mit unserer Erfahrung können wir unsere ganze Herangehensweise an die Arbeit vom Kopf auf die Füße stellen. Das erreichen wir, indem wir uns von unserer normalen Orientierung entfernen: „Was kann ich dadurch bekommen?" Stattdessen stellen wir die Frage: „Was kann ich geben?" Wenn wir lernen, wie wir aus unseren eigenen einzigartigen Fähigkeiten und Talenten geben können, erfahren wir die tiefe Erfüllung eines Lebens, in dem Geben wichtiger ist als Bekommen. Wir werden auch entdecken, dass das Geben aus der Großzügigkeit des Herzens eine der essenziellen Wurzeln wahrer Zufriedenheit ist.

13 Geben in Beziehungen

In Beziehungen suchen wir oft eine Quelle unseres persönlichen Glücks. Die Beziehungen mit unseren Partnerinnen, Freunden und unserer Familie können sicher eine freudvolle Erfahrung sein und sie bereichern viele Dimensionen des Lebens. Aber auch viel von unserem Unglück kommt aus Beziehungen. Obwohl Beziehungen in unserem Leben eine große Rolle spielen, tappen wir merkwürdigerweise oft völlig im Dunkeln, wenn wir herausfinden wollen, warum so viel Unglück damit verbunden ist. Und wir wissen auch nicht genau, was wir dagegen tun können.

Es wurden viele Bücher darüber geschrieben, wie wir in Beziehungen glücklich sein können. Sie konzentrieren sich oft darauf, wie wir den Richtigen oder die Richtige finden, besser kommunizieren, unsere Bedürfnisse erfüllen oder unsere Probleme lösen können. Einige dieser Methoden sind zweifellos hilfreich, aber darin geht es immer noch um die Suche nach persönlichem Glück, das von äußeren Umständen abhängig ist. Darin bleiben wir oft in den Höhen und Tiefen von Emotion und Anhaftung gefangen. Und obwohl das nicht leicht zu akzeptieren ist, können wir sehen, dass das persönliche Glück, das wir zeitweise durch Beziehungen erfahren – so freudvoll und bedeutungsvoll es auch sein mag –, meist auf unseren selbstbezogenen Zielen basiert. Das heißt aber, dass wir dadurch das wahre Glück, das uns möglich ist, kaum finden werden.

Im Gegenteil, Glück in Beziehungen zeigt sich natürlicherweise, wenn es nicht mehr durch all die Bedingungen behindert wird, die wir normalerweise hinzufügen – unsere Ziele, Bedürfnisse und Erwartungen. Wenn wir besser dazu in der Lage sind, uns nicht nur mit unseren selbstbezogenen Motivationen zu beschäftigen, dann sehen wir unsere Beziehungen nicht mehr ausschließlich in Bezug auf das, was wir bekommen können. Wenn wir uns stattdessen der Großzügigkeit des Herzens öffnen, wollen wir natürlicherweise geben. Hemingway hatte recht, als er sagte: „Liebe ist der Wille, etwas für jemanden zu tun." Das Problem dabei ist, dass es überhaupt nicht einfach ist. Beziehungen sind oft so komplex und chaotisch und unser Verhalten ist so tief in unserer Konditionierung verwurzelt, dass es mehr als das Ideal des Gebens braucht, um uns aus unseren Gewohnheiten zu befreien, damit Beziehungen zu einem fruchtbaren Weg zu wahrer Erfüllung werden können.

Bevor wir untersuchen, was es bedeutet, in Beziehungen zu leben, sollten wir zunächst betrachten, worum es in Beziehungen normalerweise geht. Wir begeben uns in eine Beziehung immer mit Erwartungen, die mit dem verbunden sind, was die Beziehung für uns tun wird. Das trifft nicht nur auf romantische Beziehungen zu, sondern auch auf andere Bereiche – Familie, Arbeit, Freunde und selbst zufällige Begegnungen. Meistens sind wir uns unserer Erwartungen nicht einmal bewusst; aber wenn wir eine Schwierigkeit oder einen Konflikt in der Beziehung erfahren, dann ist es wahrscheinlich, dass unsere Erwartungen nicht erfüllt werden. (Ich spreche hier nicht von Schwierigkeiten, die zu einer körperlichen Gefahr führen können, sondern ich meine die große Vielfalt der Probleme, die sich in Beziehungen zeigen können.)

Wenn wir eine Beziehung beginnen – von einer ganz oberflächlichen bis zur tiefsten Beziehung –, dann wollen wir, dass sich der andere in einer bestimmten Weise verhält, sei es unterstützend, wertschätzend, liebevoll, vertrauensvoll, freundlich, nett oder ruhig. Wir bemerken, dass wir in Bezug darauf, wie der andere sein sollte, *immer* unsere eigenen Ziele verfolgen. Warum? Der Grund, warum wir möchten, dass der andere sich in einer bestimmten Weise verhält, liegt letztlich in der entscheidenden Tatsache, dass wir etwas Bestimmtes fühlen wollen; wir wollen uns sicher, geschützt, wertgeschätzt, gehört und so weiter fühlen.

Wenn sich unsere Erwartungen nicht erfüllen, entstehen automatisch Schwierigkeiten und wir erfahren Enttäuschung, Wut oder Angst. Denken Sie an einen kürzlichen Konflikt in einer Beziehung und reflektieren Sie darüber, welche Erwartungen Sie mitgebracht haben. Achten Sie darauf, ob Sie sich dessen bewusst sind, welches Verhalten Sie vom anderen erwartet haben oder welche Gefühle er in ihnen wachrufen sollte. Wenn es schwer für uns ist, unsere eigenen Erwartungen zu sehen, können wir uns fragen: „Wie soll es (oder er oder sie) sein?"

Statt nach innen zu schauen, um unsere eigenen Erwartungen zu sehen, konzentrieren wir uns meist darauf, wem wir die Schuld geben können und wie wir die Situation in Ordnung bringen können. Fast immer sehen wir unsere Schwierigkeiten in Beziehungen als Probleme, die gelöst werden müssen, als Hindernisse, die überwunden werden müssen. Das kann vielleicht kurzfristig erfolgreich sein und wir sind vielleicht dazu in der Lage, kurzfristig unsere Konflikte zu glätten und ein Maß an Stabilität zu erfahren. Aber diese Herangehensweise wird nie zu der tieferen Gelassenheit des wahren Glücks führen, weil wir das entscheidende Verstehen vernachlässigen, dass diese Schwierigkeiten *keine* Probleme sind, die gelöst werden müssen – obwohl sie sich unangenehm anfühlen. Vielmehr sind genau diese Schwierigkeiten ein *direkter Weg* zur Freiheit. Sie drängen uns, tiefer in unser Leben zu gehen und mit den Dingen zu arbeiten, die uns so viel Unglück bringen. Das sind insbesondere unsere Forderungen, dass das Leben und andere sich in einer bestimmten Weise verhalten sollten. Es ist unsere Anspruchshaltung, der wir anhängen, weil wir denken, dass wir bestimmte Gefühle haben sollten.

Wenn wir enttäuscht seind, weil wir nicht das bekommen, was wir wollen, und nicht all unsere Erwartungen erfüllt werden, zeigen sich oftmals unsere schmerzhaftesten und nicht geheilten Emotionen. Ob wir uns verletzt, wütend oder ängstlich fühlen – diese Reaktionen sagen uns, wo wir am ehesten feststecken; sie weisen auch genau auf die Dinge hin, mit denen wir arbeiten müssen. Ob wir uns zurückziehen oder angreifen, ob wir beschuldigen oder beschwichtigen, ob wir uns rechtfertigen oder uns selbst die Schuld geben, wir sind immer in dem Versuch gefangen, die äußerliche Situation zu verändern, um zu vermeiden, dass wir unseren emotionalen Schmerz spüren. Wir verpassen dadurch auch die echte heilende Antwort, die darin besteht, unsere *eigene* Erfahrung zu verstehen und damit zu verweilen.

Eine sehr hilfreiche Methode, um unsere Schwierigkeiten in Beziehungen zu klären und damit zu arbeiten besteht darin, zu den drei Fragen zurückzukehren: Bin ich jetzt wirklich glücklich? Was blockiert mein Glücklichsein? Kann ich mich dem, was ist, hingeben? Im sechsten Kapitel sind einige Übungen beschrieben, die zeigen, wie dieser Prozess funktioniert. Die erste Frage hilft uns zu identifizieren, was wir wirklich fühlen (oft wissen wir das nicht). Die zweite Frage zeigt uns, wo wir in unserer Konditionierung feststecken – in unseren Erwartungen, Forderungen oder in unserem ungeheilten Schmerz. Sobald wir unsere Erwartungen klar erkennen und uns durch unsere oberflächlichen emotionalen Reaktionen hindurcharbeiten, erreichen wir oftmals diesen unangenehmen Ort, wo wir beginnen, unsere tiefsten Ängste zu spüren – wie die Angst, minderwertig zu sein; die Angst, allein zu sein; die Angst, wieder verletzt zu werden; die Angst, die Kontrolle oder die Sicherheit zu verlieren. Unsere Ängste mögen nicht notwendigerweise logisch sein, aber wir glauben trotzdem in unserem Innersten, dass sie der Wahrheit entsprechen. Und ganz sicher diktieren sie die Art und Weise, wie wir uns fühlen und wie wir leben, und dadurch blockieren sie jede Möglichkeit für wahre Zufriedenheit.

Die dritte Frage führt uns schließlich direkt in die Konfrontation mit unseren eigenen Ängsten – die Ängste, die fast immer an der Wurzel unseres Unglücks in Beziehungen sind. Wenn wir die dritte Frage stellen – Kann ich mich dem, was ist, hingeben? –, können wir die eine Sache tun, die uns hilft, uns von der Beherrschung durch unsere Ängste zu befreien: sie willkommen heißen und sie wirklich *fühlen.* Wir mögen *denken,* dass wir es nicht aushalten, wenn wir unsere Ängste fühlen, aber die Wahrheit ist, dass wir es nicht wollen, insbesondere weil sie sich so unangenehm anfühlen. Aber im Laufe der Zeit können wir den Mut und die Entschlossenheit entwickeln, um mit unseren Ängsten präsent zu sein. Immer wieder lernen wir, dass das Gewahrsein heilt; und nach und nach können wir mit den Ängsten, die so solide und unzugänglich erschienen, umgehen.

Wenn wir uns innerlich mehr und mehr von der Konditionierung und unserer Angst befreien, fließen die Liebe und die Verbundenheit, die in Beziehungen möglich sind, natürlicher durch uns hindurch. Wenn unsere Schutzmechanismen abnehmen, öffnet sich unser Herz und wir spüren den natürlichen Wunsch, aus der Großzügigkeit des Herzens zu geben. Wir entdecken, dass wahres Glück in Beziehungen nicht dadurch entsteht, dass unsere Erwartungen erfüllt werden oder wir das bekommen, was wir wollen. Es ist vielmehr die Konsequenz des freien Gebens, um andere glücklich zu machen. Fast jede Mutter oder jeder Vater hat das an einem bestimmten Punkt erfahren – ihre tiefste Freude kommt aus dem selbstlosen Geben für ihre Kinder. Leider wird diese Wahrheit oft vergessen, wenn Beziehungen komplexer werden, und besonders dann, wenn die Angst unseren inneren Wunsch, zu geben, verdeckt.

Aber wenn wir mit unserer Konditionierung und unserer Angst arbeiten, wird das Geben zu unserer natürlichen Antwort. Ich hatte einmal einen Schüler, der sehr mit Eifersucht und Besitzansprüchen zu kämpfen hatte, die vor allem durch die freundliche, offene Haltung seiner Frau gegenüber anderen Männern ausgelöst wurde. Sie hatte keine Affären mit anderen Männern und machte auch keine Annäherungsversuche; sie war einfach nur sehr kontaktfreudig und ehrlich an anderen interessiert. Aber trotzdem weckte ihre Freundlichkeit seine tiefsten Ängste. Wenn er versuchte, ihr Verhalten einzuschränken, stellte es sich als kontraproduktiv heraus, weil sie verärgert wurde und das Gefühl hatte, kontrolliert zu werden. Aber als er seine Reaktionen tiefer betrachtete und langsam lernte, wie er in seiner tief sitzenden Angst, nicht gut genug zu sein, verweilen konnte, wurde er nach und nach frei von seiner Angst. Dann war er in der Lage, seiner Frau die Freiheit zu geben, sie selbst zu sein. Dieses Geben kam nicht aus einem „Sollen" – es war die natürliche Antwort aus der Großzügigkeit des Herzens. Aber er konnte diese Großzügigkeit und letztendlich auch sein eigenes wahres Glück nur dadurch erfahren, dass er seine eigenen verborgenen Absichten und tiefsten Ängste sah und in ihnen verweilte, egal, wie ungewollt und unangenehm sie waren.

Es ist wichtig, dass wir mit der Angst arbeiten, die unsere natürliche Tendenz, zu geben, verhindert. Vor einigen Jahren traf ich einen Patienten im Hospiz, der sehr reserviert erschien; er war richtig unfreundlich. Der Koordinator der Hospizgruppe hatte mich gewarnt, dass dieser Patient sehr wütend war und andere oft anbrüllte. Aber ich war bereit, es mit ihm zu versuchen. Obwohl ich nicht die Erwartung hatte, ihn zu verändern, sehe ich rückblickend, dass ich hoffte, dass er freundlich zu mir sein würde, wenn ich freundlich zu ihm wäre. Aber meine Freundlichkeit schien auf ihn überhaupt keine Wirkung zu haben – er blieb reserviert und fast unnahbar. Meine Reaktion war ziemlich voraussagbar – alte Konditionierungen kommen schnell an die Oberfläche, wenn bestimmte Knöpfe gedrückt werden. In diesem Fall provozierte sein Verhalten zwei meiner tieferen Ängste: die Angst, nicht gut genug zu sein, und die Angst, nicht wertgeschätzt zu werden.

Glücklicherweise war mir aber klar, was vor sich ging. Statt noch angestrengter zu versuchen, freundlich zu sein, um das zu bekommen, was ich wollte – seine Akzeptanz und ein Gefühl von Kontrolle –, erlaubte ich mir selbst, die Erfahrung der Angst vollkommen zu fühlen. Als ich sie in mich hineinließ und die Empfindung der Angst direkt in die Mitte des Brustraums atmete, geschah etwas Erstaunliches: Ich machte mir keine Sorgen mehr, welche Gefühle er mir gegenüber hatte. Stattdessen spürte ich ehrliche Empathie für sein Gefangensein, in das er sich zurückgezogen hatte und in dem er sich so geschützt fühlte. Als ich ihn das nächste Mal besuchte, war ich nicht mehr freundlich zu ihm, um ihn zu manipulieren. Stattdessen kam meine ehrliche Freundlichkeit aus dem Wunsch, dass er von seinem Leiden befreit sein möge. Sobald ich nicht mehr in meinen eigenen Ängsten gefangen war, konnte ich ihm ganz natürlich aus dem Herzen geben. Obwohl er sich nicht sehr veränderte, war er doch in der kurzen Zeit, die ihm noch bis zum Tode blieb, in der Lage, seine Schutzmechanismen loszulassen und die Wärme seines eigenen Herzens so gut er konnte zum Ausdruck zu bringen.

Wenn wir lernen, unsere eigenen Erwartungen klar zu sehen, und dann mit den Ängsten arbeiten, die uns bewegen, öffnet sich ein Weg, um die innere Fähigkeit des Gebens in Beziehungen zu kultivieren. Aber wir müssen nicht darauf warten, dass das Herz frei von Angst ist, bevor wir uns anderen Menschen geben. Wir können *absichtsvolles Geben* üben, auch als ein Mittel, um direkt mit dem zu arbeiten, was die natürliche Großzügigkeit des Herzens blockiert. Wenn wir einem anderen Menschen etwas geben – selbst wenn der Wunsch, zu geben, nicht anwesend ist –, wird es sicher unseren Widerstand offenbaren und uns die Möglichkeit eröffnen, mit dem zu arbeiten, was den Zugang zum offenen Herzen blockiert. Wenn wir absichtsvoll geben, handeln wir nicht aus einem mentalen Ideal oder einem „Sollen". Wir handeln aus dem Verstehen, dass der Akt des Gebens uns ermutigen kann, uns mit den Aspekten auseinanderzusetzen, mit denen wir selbst umgehen müssen.

Wenn wir beispielsweise Schwierigkeiten haben, unserem Partner oder unserer Partnerin zuzuhören, dann können wir uns bewusst entscheiden, aufrichtiges Zuhören zu schenken. Aber es ist nicht so leicht, sich einfach für das Zuhören zu entscheiden – es geschieht nicht automatisch. Wenn wir wirklich einem anderen Menschen zuhören wollen, müssen wir unser Ich loslassen – unsere Ungeduld und unser Bedürfnis, recht zu haben. Es bedeutet, dass wir nicht länger unsere Meinungen formulieren, während der andere spricht. Stattdessen sind wir offen für das, was jemand sagt und fühlt. Das Ich loslassen ist besonders dann schwierig, wenn wir uns daran gewöhnt haben, das Drama zu lieben, in dem wir das Ich zum Zentrum unserer Geschichte machen.

Wenn wir versuchen, absichtsvoll zuzuhören, können wir uns gleichzeitig des Atmens in die Mitte des Brustraums bewusst sein – was uns körperlich zentriert sein lässt, statt gefangen im selbstbezogenen Geist des Ich. Wir können lernen, dem anderen Menschen Fragen zu stellen, um zu klären, was er gesagt hat. Und wenn wir uns bemühen, durch unsere Widerstände hindurchzugehen, können wir mit der Zeit entdecken, dass es möglich ist, ganz natürlich das Geschenk wirklichen Zuhörens zu geben – und wir können sogar so an jemand anderem interessiert sein, wie wir an uns selbst interessiert sind.

Das ist ein Beispiel für absichtsvolles Geben. Ein anderes Beispiel ist, wenn wir üben, offener und ehrlicher zu sprechen – insbesondere dann, wenn wir dazu tendieren, vieles zurückzuhalten. Aber manchmal könnte unser Wunsch, ehrlich zu sein und unser Herz auszuschütten, auch zu weit gehen. Ein Mann ging zum Beispiel einmal in den Beichtstuhl und sagte zum Priester: „Ich bin 72 Jahre alt und habe gestern mit zwei wunderschönen 21-jährigen Mädchen geschlafen.“ Der Priester fragte: „Wann waren Sie zum letzten Mal bei der Beichte?" Der Mann erwiderte: „Ich war noch nie bei einer Beichte, ich bin Jude." Der Priester fragte: „Und warum erzählen Sie mir das dann?" Der Mann antwortete begeistert: „Ich sage es *jedem*."

Dieses humorvolle Beispiel ist harmlos und etwas übertrieben, aber in den meisten Fällen bedeutet Ehrlichkeit gegenüber anderen nicht, dass wir über *alles*, was wir denken und fühlen, sprechen. Als Erstes müssen wir ehrlich und klar gegenüber uns selbst sein. Dann können unsere Worte durch die Fragen gemäßigt werden, die der Buddha im Zusammenhang mit Kommunikation stellte: Ist es die richtige Zeit? Ist es notwendig? Ist es freundlich?

Sicher kann es dabei keine einfache Formel geben, denn das Leben ist chaotisch, kompliziert und unvorhersagbar. Aber wichtig beim absichtsvollen Geben ist, dass es uns dazu drängt, mit unseren eigenen Ängsten – und den unangemessenen Verhaltensweisen, die daraus resultieren – zu arbeiten. Das gilt besonders, wenn wir versuchen, anderen das zu geben, was sie am meisten wollen, was wir aber nur sehr ungern geben möchten. Um dies besser zu verstehen, denken Sie an eine Person, die Ihnen nahesteht. Fragen Sie sich, was dieser Mensch von Ihnen wollen könnte, das Sie nur sehr ungern geben. Ich meine etwas, das Sie geben können, aber wozu Sie nicht bereit sind. Wenn Sie über Ihr eigenes Beispiel nachdenken, sehen Sie vielleicht, wie der absichtsvolle Akt des Gebens Sie sehr wohl dazu drängen könnte, sich genau mit dem Bereich auseinanderzusetzen, wo Sie am stärksten anhaften.

Wenn wir bereit sind, den Schritt des absichtsvollen Gebens zu tun – auch dann, wenn wir innerlich Nein sagen –, eröffnet sich eine Möglichkeit, um mit den Schichten von Wut und Angst zu arbeiten, die uns behindern. Sobald wir uns direkt unseren Ängsten stellen, können wir die Freiheit erfahren, die daraus kommt, dass wir unser „Selbst" aufgeben – wir wollen nicht länger, dass die Dinge so sind, wie wir sie gern hätten, wir geben die Kontrolle und das Bedürfnis, recht zu haben, auf. Schließlich können wir das wahre Glücklichsein erfahren, das entsteht, wenn wir natürlich aus dem Herzen geben und nicht mehr durch unsere Ängste kontrolliert werden.

Wenn unser Partner beispielsweise sehr sensibel auf Kritik reagiert, könnten wir uns entscheiden, ihm mit Nicht-Urteilen zu begegnen. Das bedeutet, wir bemühen uns, verbale (und auch nonverbale) Urteile und Kritik zurückzuhalten. Damit geben wir unsere Forderungen auf, wie der andere sein sollte. Und so werden wir dazu gedrängt, uns mit der Angst auseinanderzusetzen, dass wir nicht das bekommen, was wir wollen. Oder wir haben zum Beispiel große Angst vor dem Chaos. In diesem Fall entscheiden wir uns vielleicht, unserem Partner die Kontrolle über die Planung des Haushalts und die Finanzen zu überlassen. Wenn wir unserem Partner absichtsvoll die Unabhängigkeit geben, die er oder sie wirklich will, bringen wir auch uns selbst dazu, uns mit der Angst vor einem vorgestellten Chaos oder einem Mangel an Kontrolle auseinanderzusetzen. Indem wir uns direkt mit unseren Ängsten auseinandersetzen, haben wir auch die Möglichkeit, uns vom absichtsvollen Geben aus Pflicht zum natürlichen Geben aus dem freien Herzen zu bewegen.

Ein Tag des Nicht-Urteilens

Um den Wert des absichtsvollen Gebens zu verstehen, können Sie die folgende Übung machen. Wählen Sie einen Menschen aus, über den Sie viele Urteile haben, am besten jemanden, mit dem Sie regelmäßig in Kontakt sind. Enthalten Sie sich dann einen Tag in der Woche – von der Zeit des Aufstehens bis zum Zubettgehen – aller Kritik und Urteile über diesen Menschen, besonders Urteile, die eine starke emotionale Aufladung haben. Das bedeutet, dass Sie sich nicht länger mit diesen kritischen Gedanken und Gefühlen beschäftigen. Mit anderen Worten, immer wenn die Urteile auftauchen, achten Sie darauf, aber verstärken Sie die Urteile nicht, indem Sie darüber nachdenken oder sie aussprechen. Versuchen Sie stattdessen, die Erfahrung der körperlichen Anspannung im Körper zu spüren, die ein Ergebnis Ihres Festhaltens an diesen Glaubenssätzen ist.

Der Sinn dieser Übung besteht nicht darin, Ihr Verhalten zu verändern oder Ihre Emotionen zu unterdrücken. Sie soll Ihnen ermöglichen, sich mit sich selbst auseinanderzusetzen. Indem wir einander Nicht-Urteilen „geben" – etwas, das jeder will, das aber auch eines der schwierigsten Dinge ist, die wir geben können –, machen wir in Wirklichkeit *uns selbst* ein großes Geschenk. Dieses Geschenk ist die Gelegenheit, zu sehen, dass *unsere Urteile und Kritik immer mehr mit uns selbst zu tun haben, als mit dem anderen Menschen.* Dieses Verstehen gibt uns eine Struktur, um leichter und direkter mit unseren tiefsten Ängsten und Anhaftungen zu arbeiten. Aber seien Sie sich dessen bewusst, dass es mehrere Wochen oder länger dauern kann, bis Sie den wahren Wert dieser Übung erfahren.

Abschließende Gedanken

Das Geben aus dem Herzen in unseren Beziehungen erfordert, dass wir bereit sind, mit unseren Ängsten zu arbeiten. Das setzt letztendlich voraus, dass wir unsere Anspruchshaltung aufgeben – den Glauben, dass Beziehungen leicht und angenehm sein sollten oder dass der andere Mensch in der Lage sein sollte, unsere unangenehmen Erfahrungen von uns zu nehmen. Diese Anspruchshaltung ist eines unserer größten Hindernisse auf dem Weg zum Glücklichsein, denn erst wenn wir dieses Hindernis durchschauen, werden wir bereit sein, Verantwortung für unsere eigenen Ängste zu übernehmen – genau die Ängste, die eine authentische Verbundenheit blockieren. Solange wir die Notwendigkeit der Auseinandersetzung mit unseren eigenen Ängsten nicht sehen, werden wir weiter von uns selbst getrennt bleiben und als Folge davon werden wir auch von anderen getrennt sein. Das bedeutet aber, dass unsere Beziehungen kaum erfüllend sein werden, höchstens auf oberflächlicher Ebene. Aber wenn wir Freundschaft mit unseren Ängsten schließen und keine Angst mehr vor ihnen haben, können wir wirkliche Nähe mit anderen erfahren. Das ist die wahre Grundlage für die Liebe und das Glück, die in Beziehungen möglich sind.

Wenn das tiefere Glück der wahren Zufriedenheit die Machtkämpfe ersetzt – die Schuldzuweisungen, das Bedürfnis, recht haben zu müssen, die auf Angst basierenden Projektionen –, können Beziehungen als ein Kanal dienen, durch den die Liebe natürlich hindurchfließt. Geben ist keine lästige Aufgabe oder Pflicht mehr; es wird zum natürlichen Ausdruck der Großzügigkeit des Herzens. Darum geht es in unseren Beziehungen, wobei selbst alltägliche Interaktionen vom wahren Glück der Verbundenheit durchdrungen sein können. Wir müssen keine besonderen Dinge tun oder spezielle Anstrengungen machen, vielmehr können all die kleinen Routinen eines gemeinsamen Lebens eine reichere Qualität erhalten. Dieses Empfinden von Leichtigkeit und Wertschätzung fühlt sich natürlich an, aber leider entwickelt es sich nicht von allein. Vielmehr ist es das Ergebnis unserer ständigen Praxis – durch die wir lernen, im gegenwärtigen Moment zu verweilen und Wertschätzung und liebende Güte zu kultivieren. Und durch die wir lernen, absichtsvoll zu geben und uns mit dem auseinanderzusetzen, was uns dabei blockiert.

Wenn unsere Praxis sich entwickelt, werden viele kleine Momente während unseres Tages Tore zur inneren Freude des einfachen Zusammenseins. Manchmal, wenn meine Frau Elizabeth lächelt, dann ist es für mich ein Ausdruck der leuchtenden Qualität ihres wahren Wesens und eine Erinnerung an die wahre Natur des Menschseins. Wenn ich das erfahre, dann fällt es mir nicht schwer, mich mit dem natürlichen Glück zu verbinden, das der natürliche Zustand unseres ungehinderten Wesens ist. Wenn wir nicht länger Beziehungen aus einer selbstbezogenen Motivation leben, in der das Leben so sein soll, wie wir es wollen, können sie zu einem fruchtbaren Weg zu tiefem Glück werden, wonach wir alle suchen. Wir können die einfache, aber tiefgründige Wahrheit entdecken, dass es in der Liebe nicht darum geht, jemanden zu haben, der uns glücklich macht. In der Liebe wünschen wir uns, dass *der andere* glücklich ist.

14 Vergebung

Eines der größten Hindernisse auf dem Weg zum Glücklichsein ist die Anhaftung an unseren nachtragenden Gedanken und Gefühlen. Wenn es auch nur einen Menschen gibt, dem wir nicht vergeben können, schließt sich unser Herz in Bitterkeit ein und es wird uns davon abhalten, die Gelassenheit des wahren Glücks zu erfahren.

Vergebung ist in Wirklichkeit eine innere Qualität des erwachten Herzens. Leider entwickelt sich diese Qualität nicht von allein; es ist harte Arbeit! Denken Sie daran, wie hartnäckig wir daran festhalten, recht zu haben, wenn wir meinen, dass uns jemand falsch behandelt hat, selbst wenn uns diese Haltung offensichtlich Unglück bringt. Während meiner ersten Ehe gerieten meine Frau und ich in einen typischen Machtkampf, wir waren beide vollkommen darin gefangen und hielten an unserem Groll fest. Selbst nach unserer Scheidung war es schwer für mich, meine nachtragenden Gedanken und Gefühle aufzugeben. Wir hatten zwar eine freundliche Beziehung, aber in unseren Gesprächen war immer eine gewisse Spannung.

Als mir aber klar wurde, dass ich durch das Festhalten an meinen nachtragenden Gedanken und Gefühlen in Wirklichkeit mich selbst verletzte, begann ich mit einer Meditation der Vergebung.

Was mich erstaunte, war die Stärke des Widerstands allein schon gegenüber der Idee, ihr zu vergeben. Ein Teil der Meditation bestand darin, sie zu visualisieren und zu versuchen, ihr Bild in den Herzbereich zu atmen. Aber jedes Mal, wenn ich es versuchte, war da ein tiefes „Nein" – so als würde ich sie wegdrücken. Glücklicherweise war die Meditation so strukturiert, dass dieser Widerstand Raum hatte; die Anleitung bestand darin, mit dem körperlichen Gefühl des „Nein" zu verweilen und es nicht einfach zu überspringen.

Als mit der Zeit der Widerstand abnahm, konnte ich die Schichten von Wut und Verletzung spüren – Emotionen, die die direkte Folge der Erwartungen waren, die ich hatte, als ich die Beziehung begann. In der Tat waren es Erwartungen, derer ich mir zu dieser Zeit nicht einmal bewusst war. Und als sie sich nicht erfüllten, fühlte ich mich betrogen, wurde nachtragend und verbittert. Ich glaubte zudem fest daran, dass meine Reaktionen gerechtfertigt waren. Aber als ich die Geschichte von Glaubenssätzen und Emotionen, die meine nachtragenden Gefühle aufrechterhielten, immer deutlicher sah und ich mit meinem eigenen Schmerz verweilen konnte, ohne meine Ex-Frau dafür zu beschuldigen, begann sich das Dunkel zu lichten. Nun war es leichter, ihr Bild in den Herzbereich zu atmen und ihr zu vergeben, denn es wurde klar, dass es nie ihre Absicht gewesen war, mich zu verletzen. Als ich sehen konnte, dass die nachtragenden Gefühle und die Machtkämpfe aus unser beider Blindheit und Verletztheit kamen, erschien die Vergebung ganz von allein.

Obwohl es viele Jahre des Tastens und Stolperns brauchte, um an diesen Ort zu gelangen, waren wir am Ende beide in der Lage, unsere nachtragenden Gefühle vollkommen loszulassen. Als sie vor einigen Jahren starb, liebten wir uns wirklich als Freunde. Das wäre nie möglich gewesen, wenn wir nicht gelernt hätten, uns einander wirklich zu vergeben.

Ich habe einmal gehört, wie der buddhistische Lehrer Jack Kornfield die Geschichte von einem Golfer erzählte, der als Preis für ein gewonnenes Turnier einen Check bekam. Als er zum Parkplatz lief, kam eine Frau auf ihn zu und erzählte ihm eine herzzerreißende Geschichte über ihr krankes Kind. Sie sagte ihm, dass ihr Kind sterben würde, wenn ihm nicht bald geholfen wird. Der Golfer überschrieb der Frau sofort seinen Check. Einen Monat später sagte ihm ein Golffreund, dass er davon gehört hätte, was auf dem Parkplatz geschehen war. Er hatte auch gehört, dass die Frau eine Schwindlerin war und kein krankes Kind hatte. Der Golfer antwortete: „Das ist die beste Nachricht, die ich seit Langem gehört habe – ein Kind, das nicht sterben wird."

Der Golfer war offenbar nicht in der Angst gefangen, betrogen zu werden. Diese Angst hätte dazu geführt, dass er sich falsch behandelt gefühlt hätte und in der Folge nachtragende Gefühle gegenüber der Frau empfunden hätte. Wenn er verbittert gewesen wäre, hätten ihm sicher viele Menschen zugestimmt. Aber stattdessen konnte er auf die Stimme des Herzens hören, das Herz, das sich natürlicherweise um das Wohlergehen anderer kümmert und nicht in der Gewohnheit gefangen ist, gegenüber anderen Menschen Groll zu hegen.

Wenn das Leben gut läuft, können wir leicht freundlich sein und vergeben. Aber nur in den Schwierigkeiten des Lebens offenbart sich die Tiefe unserer spirituellen Praxis. *Wenn unsere Freundlichkeit real sein soll, dann kann sie nicht von anderen abhängen,* oder davon, wie wir uns gerade fühlen. Wenn wir ehrlich sind, dann sehen wir, dass Freundlichkeit unserem Geist und unserem Herzen völlig fremd erscheint, wenn wir uns falsch behandelt fühlen. Aber damit wahres Glück möglich werden kann, müssen wir zu dem tiefen Ort in uns gehen, wo wir Zugang zu wahrer Güte und Vergebung haben. Das bedeutet, dass wir uns mit dem auseinandersetzen müssen, was den Zugang zu unserem Herzen blockiert.

Eines der wichtigsten Dinge, die ich aus der Praxis der Vergebung gelernt habe, ist Folgendes: Wir dürfen niemals unterschätzen, wie schwer es ist, unsere nachtragenden Gedanken und Gefühle loszulassen. Auch wenn wir sehen, dass diese nachtragenden Gedanken und Gefühle uns selbst verletzen, weil sie unser Herz verschlossen halten, können wir daran mit einer Hartnäckigkeit festhalten, die dem gesunden Menschenverstand widerspricht. Glücklicherweise ist ein Teil der Praxis der Vergebung und ein Teil des Weges zu wahrem Glück, dass wir zunächst anerkennen, was uns auf dem Weg behindert. Wir beginnen dort, wo wir sind, nicht dort, wo wir unserer Meinung nach sein sollten. Wenn ich Übende die Praxis der Vergebung lehre, dann versuche ich hervorzuheben, wie wichtig es ist, die Widerstände anzuerkennen und mit der damit verbundenen körperlichen Erfahrung so lange wie möglich präsent zu sein. Dadurch können wir sehr viel über uns selbst lernen.

Was macht Vergebung so schwer? Zum Teil hat es mit der Komplexität der Situation zu tun, wenn jemand etwas Verletzendes sagt oder tut. Wir reagieren oft nicht nur auf das momentane Ereignis, sondern mehr noch auf die vielen Schmerzen der Vergangenheit, die im Augenblick wieder aufgewühlt werden. Denn wenn wir uns verletzt fühlen, spüren wir oft die tiefsten Schichten unserer Konditionierung. Das kann zu Gefühlen der Wertlosigkeit oder Machtlosigkeit führen und es ist nur ganz natürlich, dass unsere Schutzmechanismen zum Angriff übergehen, damit wir nicht die Verletzlichkeit dieser schmerzvollen Gefühle spüren müssen. Wenn das geschieht, dann beschuldigen wir oft andere. Wir bestehen darauf, recht zu haben und uns selbst zu erhöhen, indem wir den anderen kleiner machen. Aber dadurch legen wir einen schützenden Panzer um unser Herz. Und wenn wir durch die Schuldzuweisungen unsere Wut nähren, wird sie schnell zu nachtragenden Gefühlen und zu Bitterkeit führen.

Der traurigste Aspekt dieser ganzen Dynamik besteht darin, dass wir durch dieses Syndrom der Angst, der Schuldzuweisungen und der nachtragenden Gefühle von unserem Herzen getrennt werden. Wenn wir an der Bitterkeit festhalten, wird unser Leben sehr klein und eng. Wir sind dazu bestimmt, das andauernde Unglücklichsein zu erfahren, das ein Leben mit einem geschlossenen Herzen kennzeichnet. Es gibt ein altes hebräisches Sprichwort: „Wenn wir leben, um uns zu rächen, dann graben wir zwei Gräber." Wenn wir erlauben, dass sich unser Leben in nachtragenden Gedanken und Gefühlen verengt, verletzen wir uns selbst und andere. Deshalb besteht der erste Schritt in der Praxis der Vergebung darin, Reue darüber zu spüren, dass wir uns gegen unser eigenes Herz, gegen unsere eigene wahre Natur gewendet haben. An einem bestimmten Punkt verstehen wir, dass wir durch das Festhalten an unseren nachtragenden Gedanken und Gefühlen uns selbst verletzen – vielleicht sogar noch mehr, als der andere uns verletzt hat. Diese Erkenntnis kann zu einem entscheidenden Wendepunkt werden, durch den wir uns wirklich der Praxis der Vergebung hingeben können.

Als ich einmal in der Öffentlichkeit von einem Bekannten verbal angegriffen wurde, war meine erste Reaktion starke Wut, der schnell Urteile und Schuldzuweisungen folgten. Es war leicht, sich auf die Fehler des Menschen zu konzentrieren, der mich angegriffen hatte. Und es war so leicht, sein Verhalten zu nutzen, um meine Wut zu rechtfertigen und mich in Selbstgerechtigkeit über ihn zu stellen. Glücklicherweise spürte ich, dass mit meiner Reaktion etwas nicht stimmte. Schnell wurde mir klar, dass meine Wut und meine nachtragenden Gefühle Wege waren, um das Fühlen des Aspektes zu vermeiden, der am schmerzhaftesten war: sich verletzt und betrogen zu fühlen. Es wurde auch immer klarer, dass ich durch den Weg der Wut und der nachtragenden Gefühle die Entscheidung traf, mich von meinem eigenen Herzen abzuschneiden, und ganz sicher auch von dem anderen Menschen. So leicht es auch schien, ihn für mein emotionales Leiden verantwortlich zu machen, die Wahrheit war, dass ich durch die Beschäftigung mit meiner Wut und meinen selbstgerechten Schutzmechanismen meinen *eigenen* Weg verloren hatte.

Diese intensiven, turbulenten Erfahrungen sind die Zeiten, wo wir die Praxis der Vergebung am dringendsten brauchen. Es sind auch die Zeiten, wo es am schwierigsten ist, mit der Vergebung verbunden zu sein. In der Situation, die ich soeben beschrieben habe, war der erste Schritt – nachdem ich Reue erfahren hatte, weil ich den dunklen Weg der nachtragenden Gefühle gewählt hatte –, mit den Schuldzuweisungen aufzuhören. Jedes Mal, wenn mein Verstand mich selbst verteidigte und mein Gegenüber gering schätzte, sagte ich mir: *„Tu das nicht!“* Stattdessen versuchte ich, mit der intensiven körperlichen Erfahrung präsent zu sein – die Gefühle der Hitze, der Anspannung und des Unwohlseins. Indem ich in der gegenwärtigen Erfahrung der Wut verweilte und mich ihr hingab, begann sich die Festigkeit der Gefühle etwas aufzulösen. Aber sie verschwanden nicht einfach. Selbst nach all meinen Jahren der Praxis kämpfte immer noch etwas in mir dafür, an den nachtragenden Gedanken und Gefühlen festhalten zu können.

Zu diesem Zeitpunkt begann ich die Meditation der Vergebung – und versuchte das Bild dieses Freundes, der sich gegen mich gewandt hatte, in mein Herz zu atmen. Zunächst gab es viel Widerstand – der Geist wollte sich weiterhin auf die Fehler des anderen konzentrieren und zeigen, dass ich selbst falsch behandelt worden war. Aber als der Widerstand nach und nach weicher wurde, kamen Gefühle hervor, die etwas unter der Oberfläche gewesen waren. Als Erstes war dort eine Schicht der Verletztheit, gefolgt von der Erfahrung von Trauer und Verlust. Dann kamen die Angst vor Machtlosigkeit und die tiefere und noch wirkungsvollere Angst vor Trennung. Als ich in diesen Erfahrungen verweilte – und die körperlichen Empfindungen direkt in die Mitte des Brustraums atmete –, spürte ich immer stärker die heilende Kraft des Herzens. Schließlich konnte ich still und ehrlich zu meinem Freund sagen: „Ich vergebe dir.“

Durch die Praxis der Vergebung wurde mir klar, dass ich durch das Wählen des Weges der Schuldzuweisungen und nachtragenden Gedanken und Gefühle mich selbst mehr verletzte, als mein Freund es getan hatte. Ich erkannte auch, dass dieses Leiden andauernd präsent war und immer wieder neu durchlebt wurde. Es wurde klar, dass sein Handeln zweifellos aus seinem eigenen Schmerz kam und dass ich daran wahrscheinlich auch einen Anteil hatte. Hier ist es wichtig, zu verstehen, dass all dies keine intellektuelle Rechfertigung oder Analyse war – es kam direkt aus der Bereitschaft, in meinem eigenen Leiden zu verweilen und es zu spüren. Als ich zu dem Ort kam, wo ich wahre Vergebung erfuhr, war es sehr leicht, für meinen Freund Mitgefühl zu empfinden und ihm ganz natürlich alles Gute zu wünschen.

Dieses Ereignis geschah vor einigen Jahren und seitdem stelle ich mir selbst die drei Fragen, wenn sich nachtragende Gedanken und Gefühle zeigen. Mit der ersten Frage – Bin ich jetzt wirklich glücklich? – kann ich leicht sehen, dass ich, wenn ich nur leichteste nachtragende Gedanken und Gefühle zulasse, nicht in der Lage sein werde, wahres Glück zu erfahren. Mit der zweiten Frage – Was blockiert mein Glücklichsein? – ist offensichtlich geworden, dass die Beschäftigung mit Schuldzuweisungen eines der größten Hindernisse für Glück und Liebe ist. Und bei der dritten Frage – Kann ich mich dem, was ist, hingeben? – habe ich immer wieder gesehen, dass einer der Schlüssel zu wahrer Zufriedenheit die Fähigkeit ist, einfach mit dem präsent zu sein, was wir jetzt erfahren – ohne unsere Gedanken und Urteile darüber. Das heißt, dass wir die Körperempfindungen spüren und uns nicht mit den Gedanken über den anderen Menschen oder die Situation beschäftigen.

Wir müssen vielleicht nicht oft eine intensive Praxis der Vergebung üben, aber solange wir in nachtragenden Gedanken und Gefühlen gefangen sind, so klein sie auch sein mögen, wird unsere Fähigkeit, aus dem tieferen Glück der Gelassenheit zu leben, blockiert sein. Die Praxis der Vergebung führt uns direkt durch das

Hindernis und so können wir uns mit dem emotionalen Schmerz auseinandersetzen, aus dem unsere nachtragenden Gedanken und Gefühle entstehen. Aber vor allem können wir uns durch die Praxis der Vergebung mit unserem eigenen Herzen verbinden. Aber wir können eine Praxis der Vergebung nur dann üben, wenn wir ausdauernd sind und immer wieder zu unserer Erfahrung zurückkommen – und in diesem Prozess Schicht für Schicht unsere Wut und Angst loslassen.

Die Meditation der Vergebung

Erster Schritt – Reue

Sehen Sie, ob Sie sich mit der Reue verbinden können, die Sie empfinden, weil Sie nicht auf Ihr eigenes Herz gehört haben – wenn Sie an nachtragenden Gedanken und Gefühlen festhalten, verletzen Sie sich mehr, als der andere Mensch sie verletzt.

Zweiter Schritt – Widerstand

Visualisieren Sie den Menschen, für den Sie nachtragende Gedanken und Gefühle empfinden. Versuchen Sie das Bild in die Mitte des Brustbereichs zu atmen. Wenn Sie Widerstand fühlen, versuchen Sie, nichts zu erzwingen; verweilen Sie einfach mit der *körperlichen Erfahrung des Widerstands* – solange, bis der Widerstand weicher wird. Es kann zahlreicher Situationen bedürfen, in denen Sie die Meditation der Vergebung üben, damit dieses Erweichen geschehen kann.

Dritter Schritt – Hingabe

Fragen Sie sich: Kann ich mich dem, was ist, hingeben? Was immer Sie fühlen – sei es Verletztheit, Wut, nachtragende Gefühle, Bitterkeit oder Angst –, versuchen Sie mit der *körperlichen Erfahrung* der Emotion zu verweilen. Benennen Sie jeden intensiven Gedanken, der sich zeigt, aber kommen Sie immer wieder zum Körper zurück. Versuchen Sie nach und nach die schmerzvollen Gefühle mit dem Einatmen in die Mitte des Brustraums zu atmen, bis sie dort ohne Anstrengung verweilen können. Auch für diesen Schritt brauchen Sie möglicherweise eine ganze Reihe von Übungsstunden.

Vierter Schritt – Vergebung

Sagen Sie still für sich die Worte der Vergebung.

[Sagen Sie den Namen des Menschen],
Ich vergebe dir.

Ich vergebe dir das, was du getan hast,
sei es absichtlich oder unabsichtlich,
und das mich verletzt hat.

Ich vergebe dir,
denn ich weiß, dass das, was du getan hast,
aus deinem eigenen Schmerz kam.

Kehren Sie so oft zu dieser Meditation zurück, bis die Worte der Vergebung natürlich aus dem Herzen kommen. Dann sind die Worte nicht mehr nur Mittel, um die Entwicklung von Vergebung zu unterstützen – sie sind einfach der verbale Ausdruck Ihres aufrichtigen offenherzigen Mitgefühls.

Schlussworte

Jenseits des Mythos vom Glück

Lassen Sie uns wieder zum Anfang zurückgehen, indem wir die Frage stellen: Was ist diese schwer zu fassende Empfindung, die wir Glück nennen? Persönliches Glück ist das gute Gefühl, wenn wir Vergnügen empfinden oder bekommen, was wir wollen. Die tiefere, authentischere Erfahrung von Glück ist der natürliche Zustand unseres Seins, wenn wir nicht in unseren selbstbezogenen Gedanken und Emotionen gefangen sind. Es ist die Erfahrung wahrer Zufriedenheit, wenn wir zutiefst mit unserem Leben, so wie es ist, im Reinen sind. Wir haften nicht mehr so daran an, das zu bekommen, was der kleine Ego-Geist will. Wir hängen auch nicht der Forderung nach, dass das Leben in einer bestimmten Weise verlaufen sollte.

Persönliches Glück basiert auf einem Mythos: Der Mythos, der uns sagt, dass wir glücklich sein werden, wenn wir bekommen, was wir wollen – die richtige Arbeit, den richtigen Partner, den richtigen Körper usw. Das kann für kurze Zeit zutreffen, aber Glück, das auf Äußerlichkeiten basiert, wird die unvermeidlichen Stürme des Lebens kaum überstehen. Die Schlussfolgerung aus dem Mythos vom Glück ist genauso falsch – dass wir nicht glücklich sein können, wenn wir das bekommen, was wir *nicht wollen,* vor allem unangenehme Erfahrungen jeder Art. Aber wie viele Menschen, die an einer schweren Krankheit leiden, herausgefunden haben, ist es möglich, selbst inmitten andauernder unangenehmer Erfahrungen echte Gelassenheit zu erfahren.

Solange wir dem Mythos vom Glück nachjagen und versuchen, Glück zu erreichen, indem wir das Leben manipulieren und kontrollieren – sei es durch mehr Anstrengung, es anderen recht zu machen, angenehme Erfahrungen und Ablenkungen zu suchen oder gar spirituelle Praxis zu nutzen, um ruhig zu werden –, werden wir weiterhin auf der Achterbahn des persönlichen Glücks und Unglücks gefangen sein. Und wir werden leider nie die wahre Zufriedenheit kosten, die möglich wird, wenn wir lernen, wie wir mit dem, was ist, präsent sein können – genau so, wie es ist.

Präsentsein ist nicht so leicht, aber ein wirksames Mittel, das uns den Weg zur Präsenz zeigen kann, besteht darin, dass wir die drei Fragen stellen: Durch die erste Frage – Bin ich jetzt wirklich glücklich? – können wir unseren Geisteszustand erkennen, den wir oft nur vage bewusst wahrnehmen. Durch die zweite Frage – Was blockiert mein Glücklichsein? – können wir genauer sehen, was unsere Hindernisse sind, wie Selbstverurteilungen, Schuldzuweisungen, Wut oder Angst. Erst wenn wir sehen, was wirklich vor sich geht, werden wir in der Lage sein, wirkungsvoll mit dem umzugehen, was das Glücklichsein blockiert. Die dritte Frage – Kann ich mich dem, was ist, hingeben? – ist entscheidend. Sie erinnert uns daran, unsere Erfahrung als unseren Weg zur Freiheit willkommen zu heißen, wie schwierig unsere Erfahrung auch sein mag. Diese Frage führt uns auch dazu, dass wir genau in dem verweilen, was wir jetzt erfahren – ohne unsere gewohnten, auf Gedanken basierenden Melodramen.

Präsentsein – in der körperlichen Wirklichkeit des gegenwärtigen Moments verweilen und sich dieser Wirklichkeit hingeben – hört sich vielleicht nicht sehr aufregend oder einladend an. Aber wenn wir mit dem, was ist, präsent sind, können wir nach und nach die Festigkeit unserer Hindernisse, die wir uns selbst auferlegen, durchschauen – unsere Anspruchshaltung, unsere Glaubenssätze und Urteile, unsere tief eingeprägten Emotionen und Verhaltensmuster. Wenn die Festigkeit der engen selbstbezogenen Welt des Ich-als-ein-Ich durchlässig wird, können wir immer mehr aus einem umfassenderen Empfinden unserer selbst und des Lebens schöpfen.

Der Sinn des menschlichen Lebens besteht nicht darin, glücklich zu sein, obwohl wir das sicher alle wollen. Der Sinn des Lebens besteht darin, dass wir zu dem erwachen, wer wir wirklich sind. Je mehr wir mit unserem wahren Wesen verbunden sind, desto eher können wir aus wahrem Glück leben. Wenn wir lernen, in der Erfahrung des gegenwärtigen Moments zu verweilen, entdecken wir nach und nach, dass unsere wahre Natur eine Verbundenheit ohne Grenzen ist. Der einzige Grund, warum wir die begrenzte Welt der Glaubenssätze und konditionierten Verhaltensweisen schaffen, besteht darin, dass wir unsere Erfahrungen verstehen und unser Überleben sichern wollen. Wenn wir aber nur in dieser begrenzten Welt bleiben, sind wir vom Geheimnis unseres Wesens abgeschnitten. Und wir sind auch getrennt von der wahren Zufriedenheit, die entsteht, wenn wir aus der Offenherzigkeit unserer wahren Natur leben.

An diesem Ort der Verbundenheit ist es unser tiefster Wunsch, aus der natürlichen Großzügigkeit des Herzens zu geben. Obwohl es kein „Geheimnis" gibt, durch das wir ein wahrhaft glückliches Leben führen können, wächst das tiefste Glück der Gelassenheit mit unserer Fähigkeit, in der Wirklichkeit des gegenwärtigen Moments zu verweilen. Dieses Glück erblüht, wenn wir die Wurzeln der Großzügigkeit des Herzens nähren – einschließlich unserer inneren Fähigkeit für Dankbarkeit und Vergebung.

Sobald wir sehen, was das wahre Glück blockiert, entdecken wir, was wir aufgeben müssen, damit unser natürliches Glück zum Ausdruck kommen kann. Wenn wir die Geschäftigkeit des denkenden Geistes aufgeben und in der körperlichen Wirklichkeit des gegenwärtigen Moments verweilen, erfahren wir die Gelassenheit, die dadurch entsteht, dass wir in uns selbst zu Hause sind. Wenn wir unsere Anspruchshaltung aufgeben, können wir eine ehrliche Wertschätzung und Dankbarkeit für das Leben erfahren. Wenn wir unsere Urteile aufgeben, insbesondere unsere Selbstverurteilungen, können wir die offenherzige Freundlichkeit der liebenden Güte spüren. Und wenn wir unsere nachtragenden Gedanken und Gefühle aufgeben, können wir die Leichtigkeit des Herzens erleben, die aus echter Vergebung entsteht.

Mehr als alles andere müssen wir den Mythos vom Glück aufgeben – dass wir es verdienen, glücklich zu sein, als wäre es unser Geburtsrecht; dass wir glücklich sein werden, wenn wir das bekommen, was wir wollen; dass wir nicht glücklich sein können, wenn wir unangenehme Erfahrungen machen. Sobald wir von diesen Illusionen befreit sind, wird der Weg klarer. Mit Mut und Neugier können wir uns beharrlich der arbeitsintensiven Aufgabe der Praxis widmen: die gewöhnliche, alltägliche Wirkung, die wir haben, wenn wir immer wieder zum Präsentsein mit dem, was wir genau jetzt erfahren, zurückkommen. Und obwohl wir die ehrliche Absicht brauchen, beharrlich zu üben, müssen wir nicht verbissen sein. Humor ist immer ein guter Ausgleich, das Gleiche gilt für die Qualität der liebenden Güte. Sowohl Humor als auch liebende Güte zähmen unsere negative Tendenz, uns selbst als mangelhaft zu bewerten.

Manchmal kann es schwer sein, zu glauben, dass wahre Zufriedenheit überhaupt möglich ist. Der Grund dafür ist, dass wir so gut in dem geworden sind, was wir üben: Wir folgen dem Mythos vom Glück und tun gleichzeitig alles, um unser Unglücklichsein aufrechtzuerhalten. Aber wir können auch eine andere Praxis lernen, insbesondere ein authentischeres Leben. Ich möchte nicht vorgeben, dass es leicht sei, Präsenz zu kultivieren oder aus der natürlichen Großzügigkeit des Herzens zu leben, aber ich kann ohne jeden Zweifel sagen, dass es möglich *ist.* Wenn wir schließlich unsere selbstbezogenen Ziele, durch die wir das bekommen, was wir wollen, loslassen, geschieht etwas Wunderbares: Wir lassen eine sehr schwere Last fallen, die wir unser ganzes Leben getragen haben, und die Leichtigkeit des Herzens, die wir erfahren, fühlt sich natürlich und ungezwungen an. Das ist die Essenz wahrer Zufriedenheit und Erfülltheit. Erst jetzt können wir die klassische und zeitlose Einladung des Zen verstehen und daraus leben: Schätze dieses kostbare Leben!

Über den Autor

Ezra Bayda lehrt am Zen Center of San Diego. Er ist Autor von *Zen Herz* und *Zen oder die Kunst, einen Weg aus den Sümpfen des Alltags zu finden*.

Bayda studierte zunächst in der Tradition von Gurdjieff und praktiziert seit 1970 Zen-Meditation, seit 1995 ist er Zen-Lehrer. Er ist zudem Mitbegründer der Santa Rosa Zen Group in Santa Rosa, Kalifornien.

Dank

Dies ist ein Buch über wahres Glück. Im Geiste dieses Themas habe ich einige Witze mit in das Buch aufgenommen. Ich denke, es ist gut, die weitverbreitete Sichtweise, dass Zen-Praxis und spirituelles Erwachen nüchterne und ernsthafte Aktivitäten sein müssen, etwas zu hinterfragen. Im Angesicht der Schwierigkeiten des Lebens ist es wichtig, etwas zu finden, was uns aufheitert. Ein Empfinden für Humor zu entwickeln ist in der Tat entscheidend wichtig, um aus dem erleichterten Herzen wahrer Zufriedenheit zu leben. Das trifft besonders dann zu, wenn wir anerkennen, wie leicht wir uns selbst zu ernst nehmen können. Die meisten Witze, die ich in diesem Buch erzähle, stammen aus dem Buch Plato und Schnabeltier gehen in eine Bar … von Thomas Cathcart und Daniel Klein. Das ist ein Buch, das ich jedem empfehle, der das Leben etwas leichter nehmen möchte.

Ich möchte den Mitarbeitern von Shambhala Publications für ihre ständige Unterstützung danken, besonders Dave O'Neal, der mich ursprünglich ermutigte, dieses Buch zu schreiben, und Eden Steinberg, die mir sanft und geschickt dabei half, das, was ich sagen wollte, klar zu formulieren.

Ich danke auch meiner Tochter Jenessa, die jedes meiner fünf Bücher lektoriert hat und immer genau auf die Feinheiten achtet. Und schließlich danke ich meiner Frau und Kollegin als Zen-Lehrerin Elizabeth, nicht nur für ihre klare Einsicht als Lektorin, sondern auch für ihre unerschütterliche Unterstützung und Aufmunterung.

Literatur aus dem Arbor Verlag

Ezra Bayda

Zen oder die Kunst, einen Weg aus den Sümpfen des Alltags zu finden

Was heißt es, einfach zu leben? Was macht authentisches Dasein aus – in Beziehungen, in unserer Sexualität und in unserem Umgang mit Geld?
Es geht um die Klärung unserer alltäglichen Verwirrungen, darum, selbst im rasanten Trubel des Alltags Gleichmut zu kultivieren und unser tägliches Leiden in das authentische Dasein zu verwandeln, das wir uns alle wünschen. Das setzt voraus, dass wir uns selbst erkennen – mitsamt den Mechanismen, mit denen wir uns in der Angst verschanzen.
Mit provokativer Direktheit, Witz und Selbstironie zeigt uns Ezra Bayda die zahllosen Tricks, mit denen wir uns im Schlamm unseres wirbelnden Geistes festsetzen. Zugleich macht er uns unmissverständlich klar: Es gibt einen Weg, der uns erlaubt, ehrlich gegenüber uns selbst zu sein und eingefahrene Muster aufzulösen – einen Weg aus den Sümpfen des Alltags.

Ezra Bayda ist Zen-Meister und widmet sich seit über vierzig Jahren der Meditation. 1998 wurde er Mitglied der *Ordinary Mind Zen School,* nachdem er von Charlotte Joko Beck, der Gründerin und Lehrmeisterin der Schule, die formale Ermächtigung erhalten hatte, den Dharma zu lehren. Heute lebt und lehrt er am *San Diego Zen Center* in Kalifornien, das er gemeinsam mit seiner Frau Elizabeth Hamilton leitet.

ISBN 978-3-86781-048-7

Ezra Bayda

Zen Herz

Ein einfacher Weg zu einem Leben
in Achtsamkeit und Mitgefühl

Im Gewahrsein dieses Moments zu verweilen, genau jetzt – es geht um nicht viel mehr als dies … wäre da nicht das unaufhörliche Treiben unseres Egos, und das ist trickreich.
Doch hier kommt *Zen Herz*! Klar und praxisnah setzt uns Ezra Bayda auf die Spur unserer eigenen Konditionierungen. So gelingt es ihm, uns die Umwege auf dem Weg zur Wirklichkeit, unsere inneren Hindernisse und unsere Kontrollstrategien erkennbar zu machen.
Enorm zugänglich, inspirierend und alltagsnah erschließt uns Ezra Bayda den Dharma-Pfad in drei Stadien, die wir als Praktizierende unausweichlich durchlaufen. „Die Ich-Phase der Praxis", das allmähliche Erkennen der „Grundlagen des Seinsbewusstseins" sowie „die Entwicklung von Seinsgüte".
In jeder dieser Phasen bietet Ezra Bayda uns praktische Hilfestellungen an, die unser Verständnis schärfen und uns einladen, unser Gewahrsein zu vertiefen. Dringlich in seiner Erinnerung, dass es keinesfalls darum geht, uns zu „verändern" oder zu „verbessern". Vielmehr sind wir aufgerufen, der mannigfaltigen Wege gewahr zu werden, auf denen wir uns Tag für Tag vom Leben abschneiden.
Zen Herz ist ein Buch fürs Leben – weit mehr als nur das neueste Werk eines der bekanntesten Zen-Autoren der Gegenwart.

ISBN 978-3-86781-026-5

Elizabeth Hamilton

Und immer plappert der Papagei – Zen als Lebenskunst

oder wie es ihnen gelingen kann,
das nimmermüde Tierchen zu zähmen

Und immer plappert der Papagei ist der würzige Praxis-Mix einer erfahrenen Zenlehrerin.
Elisabeth Hamilton hilft uns, die Verstrickungen unseres konditionierten Geistes auf frische Art und auf neuen Wegen zu untersuchen. Übungen, Erzählungen und Anekdoten voller Leben und Humor verweben sich hier mit der tiefen Weisheit des Zen-Weges.
Trotz oder gerade wegen seiner Leichtherzigkeit ein ungewöhnlich ergiebiges Arbeitsbuch für die tägliche Meditationspraxis.

„Vieles von dem, was ich an mir selbst für einzigartig gehalten hatte, erwies sich als die Versponnenheit eines gut dressierten Papageis, als tief eingefahrene, konditionierte Sichtweisen, die ich mir wie jeder andere im Laufe des Versuchs angeeignet hatte, ein Jemand zu sein. Das ist nichts Schlimmes; aber dummerweise klammern wir uns an dieses Evangelium vom eigenen Selbst wie an ein Rettungsboot."

ISBN 978-3-936855-84-5

Elizabeth Hamilton lebt und lehrt gemeinsam mit ihrem Mann Ezra Bayda am *Zen Center* in San Diego.

Online

Umfangreiche Informationen zu unseren Themen, ausführliche Leseproben aller unserer Bücher, einen versandkostenfreien Bestellservice und unseren kostenlosen Newsletter. All das und mehr finden Sie auf unserer Website.

www.arbor-verlag.de

Mehr von Ezra Bayda:

www.arbor-verlag.de/ezra-bayda